자기주도형 글쓰기 길라잡이 워크북
초등 짧은 글+긴 글
3단계
완주
독후감 쓰기

KB017427

오현선 지음

서사원주니어

부모님께

책을 읽는다는 것은 어떤 의미일까요?

읽기는 사람의 생각에 관여합니다. 글을 읽는다는 것은 새로운 세계를 만나는 것이고, 새로운 세계는 어떤 방식으로든 사람의 마음을 울리고 생각을 변화하게 합니다. 생각이 변하면 삶도 변화되지요.

그렇다면 쓴다는 것은 어떤 의미일까요?

읽기가 준 마음의 울림이나 생각의 덩어리를 글로 표현하다 보면 어느 것이 스쳐 가는 생각이고, 어느 것이 진짜인지 구분할 수 있게 됩니다. 그리고 글로 표현하는 과정을 통해 점점 선명해지고, 그 선명해진 생각을 재차 확인하거나 발전시키기 위해 본능적으로 다시 무언가를 읽습니다.

결국 읽기는 쓰기로 완성되고, 쓰기는 읽기를 촉진시킵니다. 두 가지는 서로를 돕는 형태로 그 행위를 하는 우리 인간이 더 나은 삶으로 갈 수 있게 도와줍니다. 우리가 읽기와 쓰기를 멀리할 이유가 없는 것이지요.

이 읽기와 쓰기가 결합된 것이 바로 '독후감'입니다. 책을 읽은 후 마음의 울림이나 생각의 덩어리를 글자로 옮긴 것인데요, 읽는 일도 쓰는 일도 쉽지만은 않습니다. 특히 한창 읽고 쓰기를 배우는 과정에 있는 어린이라면 더욱 그렇습니다.

그 과정을 돕기 위해 이 책을 썼습니다. 본문에는 독후감 쓰기 좋은 각 영역의 책을 실었으며, 단계별로 차근차근 글을 써 볼 수 있도록 구성했습니다. 안내를 따라 한 단계씩 글을 쓰다 보면 어느새 책을 읽은 후 내 생각을 정리하는 일이 어렵고 두려운 일만은 아니라고 느낄 거예요.

많은 어린이가 쓰기를 부담스러워합니다. 또 어렵다고 느낍니다. 읽고 쓰는 일은 매일 조금 더 나은 자신이 되기 위한 일이므로 '잘'하기보다 그저 할 수 있도록 곁에서 도와주기를 부탁드립니다.

2022년 오현선

차례

Part 1 이야기책을 읽고 독후감을 써요!

Part 2

인물책을 읽고 독후감을 써요!

Part

경제책을 읽고 독후감을 써요!

Part

과학책을 읽고 독후감을 써요!

Part 5

동시책을 읽고 독후감을 써요!

이 책을 보는 방법

이 책은 이야기책, 인물책, 경제책, 과학책, 동시책을 골고루 읽을 수 있게 도와주고, 독후감 쓰는 방법도 단계별로 알려주고 있어요.

각 활동을 하기 전에 아이의 독서량과 독후감 쓰는 단계에 맞는 독후 활동을 찾아보고, 직접 책을 읽고 독후감을 쓰게 해 보세요.

추천 도서 확인하기

각 파트에는 1~3단계로 나뉘어진 독후감 쓰기 좋은 추천 도서가 있어요. 1단계는 쉬운 책, 2단계는 보통인 책, 3단계는 생각을 요구하는 책이에요.

독서량이 적은 어린이에게는 1단계 도서를, 독서량이 보통인 어린이에게는 2~3단계 도서를, 독서량이 많은 어린이에게는 3단계 도서를 추천해요. 추천 도서 대신 평소 읽고 싶었거나 좋아하는 책을 읽고 독후감을 써도 좋아요.

아이의 독서량을 파악하고, 몇 단계의 책을 추천해야 할지 파악해 보세요.

단계			
1단계	황소 아저씨 (권정생 글, 정승각 그림, 길벗어린이)	저 책은 절대 읽으면 안 돼! (임지형 글, 정용환 그림, 미래엔아이세움)	두고 보자! 커다란 나무 (사노 요코 글·그림, 시공주니어)
2단계	마법의 설탕 두 조각 (미하엘 엔데 글, 진드라 차페크 그림, 한길사)	만복이네 떡집 (김리리 글, 이승현 그림, 비룡소)	자석 총각 끌리스 (임정진 글, 김준영 그림, 해와나무)
3단계	블랙아웃 (박효미 글, 마영신 그림, 한겨레 아이들)	오, 나의 달고나 (신지영 글, 송효정 그림, 낮은산)	악플 전쟁 (이규희 글, 한수진 그림, 별숲)

단계별 추천 도서의 종류를 확인하고 읽을 수 있게 도와주세요.

1단계 추천 도서를 읽은 어린이를 위한 독후 활동

1단계 추천 도서를 읽었다면 〈내가 읽은 책 제목 쓰기〉 활동과 〈말하기 카드로 놀며 말하기!〉를 해 보세요. 그다음 독후감 쓰기 중 가장 난이도가 낮은 '순한맛'의 〈알쏭달쏭 괄호 채우며 쓰기〉로 글을 쓰는 감각을 익혀 보세요.

〈내가 읽은 책 제목 쓰기〉 활동 예시: 14쪽
〈말하기 카드로 놀며 말하기!〉 활동 예시: 15쪽
〈알쏭달쏭 괄호 채우며 쓰기〉 활동 예시: 16~17쪽

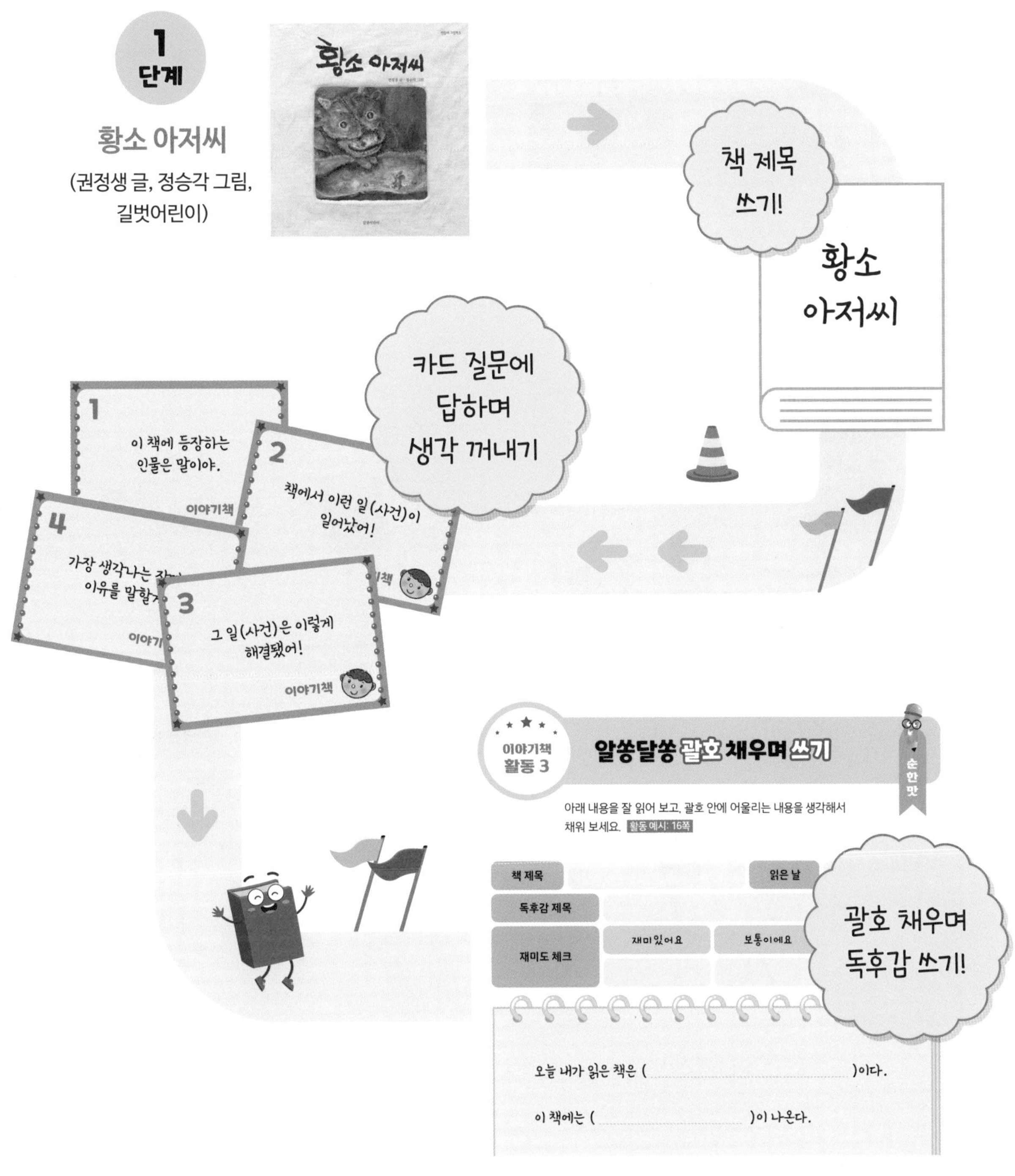

2단계 추천 도서를 읽은 어린이를 위한 독후 활동

2단계 추천 도서를 읽었다면 〈내가 읽은 책 제목 쓰기〉 활동과 〈말하기 카드로 놀며 말하기!〉를 해 보세요. 그다음 독후감 쓰기 중 보통 난이도인 '달콤한맛'의 〈재미있는 다섯 손가락 쓰기〉와 연계 활동인 〈다섯 손가락 짧은 독후감 쓰기〉를 진행해 보세요.

〈내가 읽은 책 제목 쓰기〉 활동 예시: 14쪽
〈말하기 카드로 놀며 말하기!〉 활동 예시: 15쪽
〈재미있는 다섯 손가락 쓰기〉, 〈다섯 손가락 짧은 독후감 쓰기〉 활동 예시: 18~19쪽

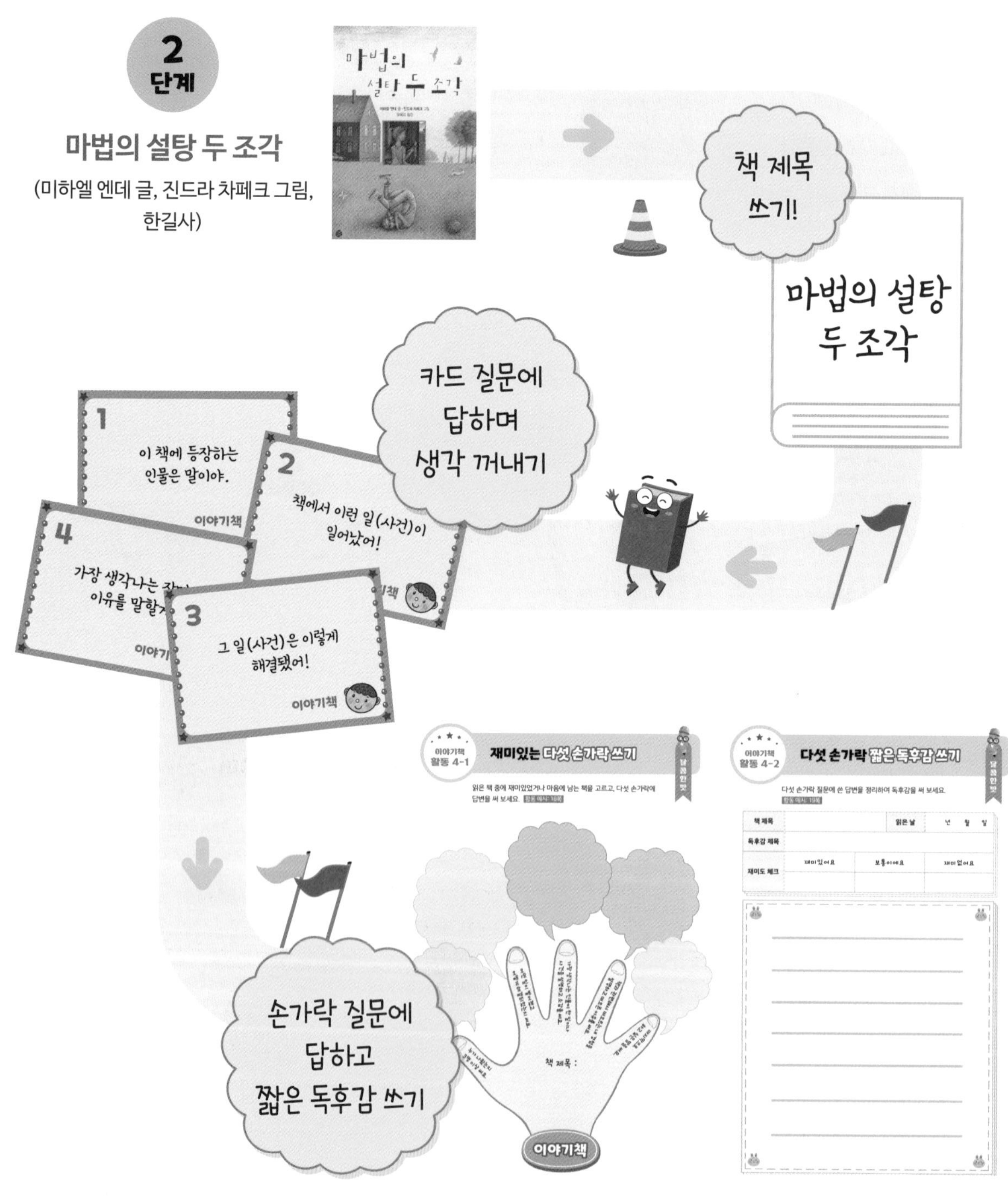

3단계 추천 도서를 읽은 어린이를 위한 독후 활동

3단계 추천 도서를 읽었다면 〈내가 읽은 책 제목 쓰기〉 활동과 〈말하기 카드로 놀며 말하기!〉를 해 보세요. 그다음 독후감 쓰기 중 난이도가 높은 '짜릿한맛'의 〈재잘재잘 채팅하며 글쓰기〉와 연계 활동인 〈채팅으로 긴 독후감 쓰기〉를 진행해 보세요.

〈내가 읽은 책 제목 쓰기〉 활동 예시: 14쪽
〈말하기 카드로 놀며 말하기!〉 활동 예시: 15쪽
〈재잘재잘 채팅하며 글쓰기〉, 〈채팅으로 긴 독후감 쓰기〉 활동 예시: 20~26쪽

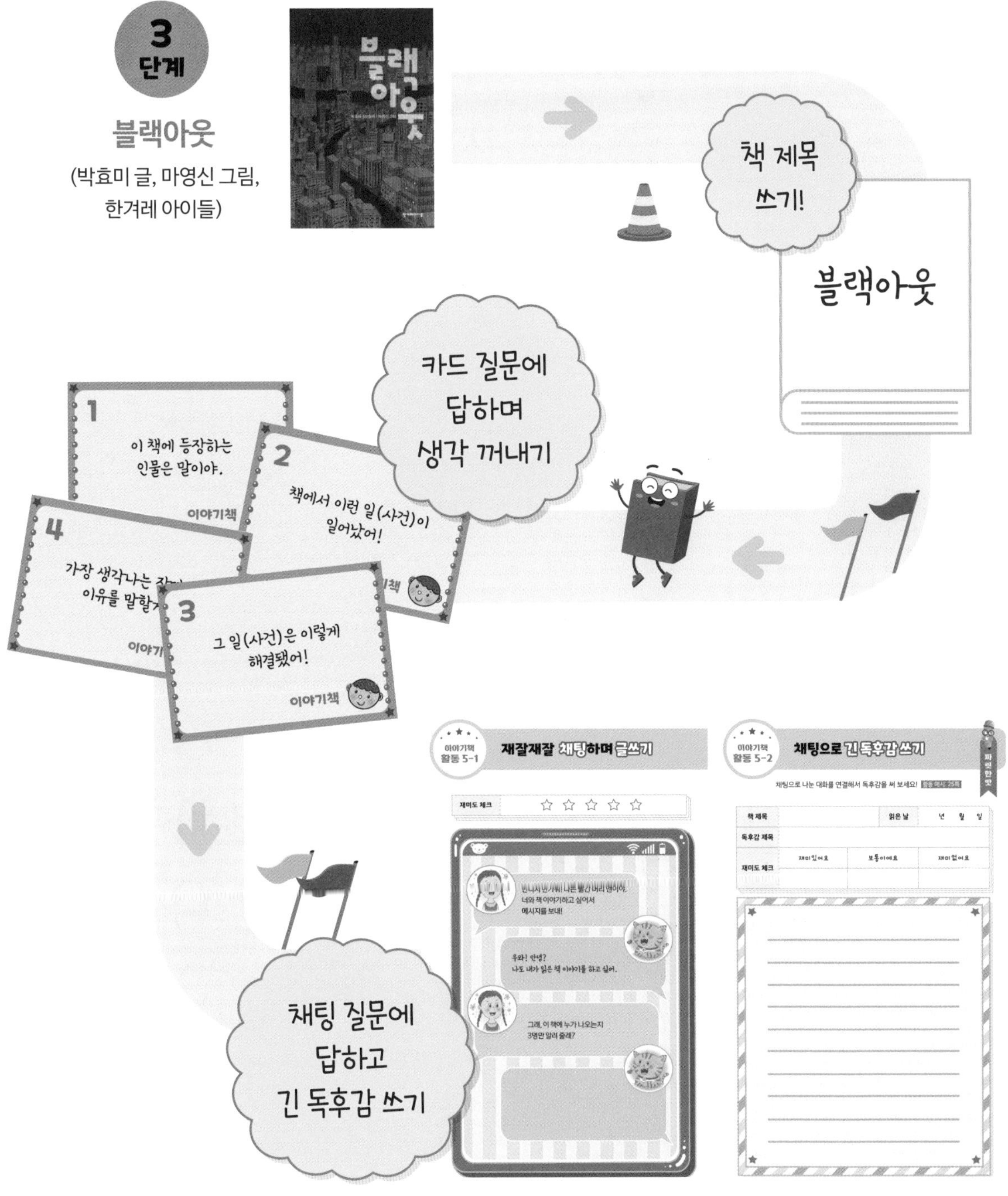

활동 1 내가 읽은 책 제목 쓰기

독후감을 쓰기 전, 빈 책 표지에 내가 읽은 책의 제목을 써 보세요. 책 제목을 쓸 수 있는 페이지는 단계별로 나누어져 있으므로, 내가 읽은 단계에 맞게 하나씩 책 표지를 채워 나가 보세요. 제목을 쓰면서 책의 내용, 읽었을 때 느꼈던 나의 감정을 떠올려 보면 독후감을 쓸 때 도움이 될 거예요.

황소 아저씨

독후감을 쓰기 전 내가 읽은 책의 제목을 써 보세요.

저 책은 절대 읽으면 안 돼!

두고 보자! 커다란 나무

활동 2 말하기 카드로 놀며 말하기!

〈말하기 카드로 놀며 말하기!〉는 독후감 활동 중 가장 쉬운 '담백한맛'이에요. 이 활동에서는 글을 쓰지 않고 말로 내 생각을 정리해 볼 수 있답니다. 카드에 적힌 질문을 보고 읽었던 책 내용을 하나하나 떠올려 보세요.

1 말하기 카드를 한 장씩 오리세요. 가위에 손을 벨 수 있으니 조심조심 잘라야 해요!

2 바닥에 카드를 늘어놓고, 원하는 카드를 한 장씩 골라 자유롭게 책 이야기를 해 보세요. 그다음 카드를 번호 순서대로 놓고, 질문에 답하며 내용을 정리해 보세요.

활동 3 알쏭달쏭 괄호 채우며 쓰기

<알쏭달쏭 괄호 채우며 쓰기>는 독후감 활동 중 쉬운 '순한맛'의 난이도입니다. 독후감 쓰기가 어려웠던 어린이도 아주 쉽게 쓸 수 있어요.

괄호를 어떻게 채워 나가면 되는지 예시를 보여드릴게요. 1단계 추천 도서인 『황소 아저씨』를 읽었다면 책 제목, 읽은 날, 독후감 제목, 재미도를 체크해 보세요.

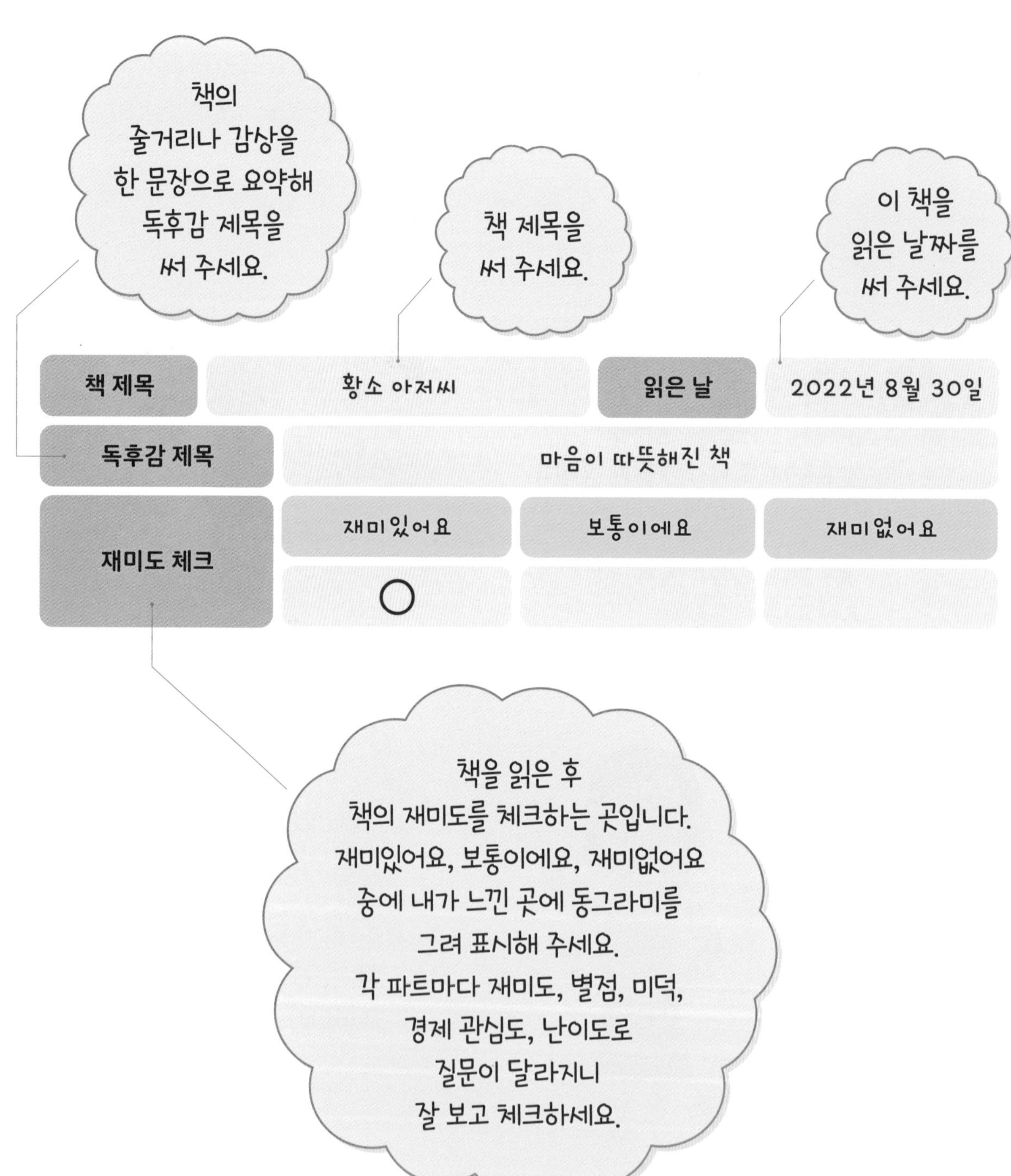

평소 글을 써 보지 않았거나, 독후감 쓰기가 어려운 어린이에게는 질문을 주고 답을 적어 생각을 정리하게 하는 독후 활동이 좋습니다. 빈 괄호의 앞뒤 문장을 잘 읽고, 어떤 답을 써야 하는지 생각해 보세요. 각 파트별로 빈 괄호의 앞뒤 문장이 다르니 잘 읽고 답을 쓰세요.

제목을 써요!

오늘 내가 읽은 책은 (황소 아저씨)이다.

중요한 등장인물을 써요!

이 책에는 (황소하고 생쥐 가족)이 나온다.

일어난 사건을 써요!

책에서 일어난 일은 (생쥐가 먹을 걸 구하려고 황소 등을 넘은 일)이다.

어떻게 해결됐는지 써요!

그 일은 (황소가 먹을 걸 가져가라고 해서) 해결됐다.

가장 마음에 남는 장면을 써요!

가장 생각나는 장면은 (황소가 생쥐를 귀엽게 쳐다본 것)이다.

마음에 남는 이유를 써요!

왜냐하면 (나도 생쥐가 귀여웠)(이)기 때문이다.

마지막으로 하고 싶은 말을 써요!

이 책을 읽으니까 (마음이 따뜻하고 행복하다).

활동 4-1 재미있는 다섯 손가락 쓰기

달콤한맛

<재미있는 다섯 손가락 쓰기>는 보통 난이도인 '달콤한맛'이에요.
2단계 추천 도서인 『마법의 설탕 두 조각』을 읽었다면 손등에 책 제목을 쓴 뒤 손가락에 있는 다섯 개의 질문을 보고 말풍선에 답을 적어 보세요.

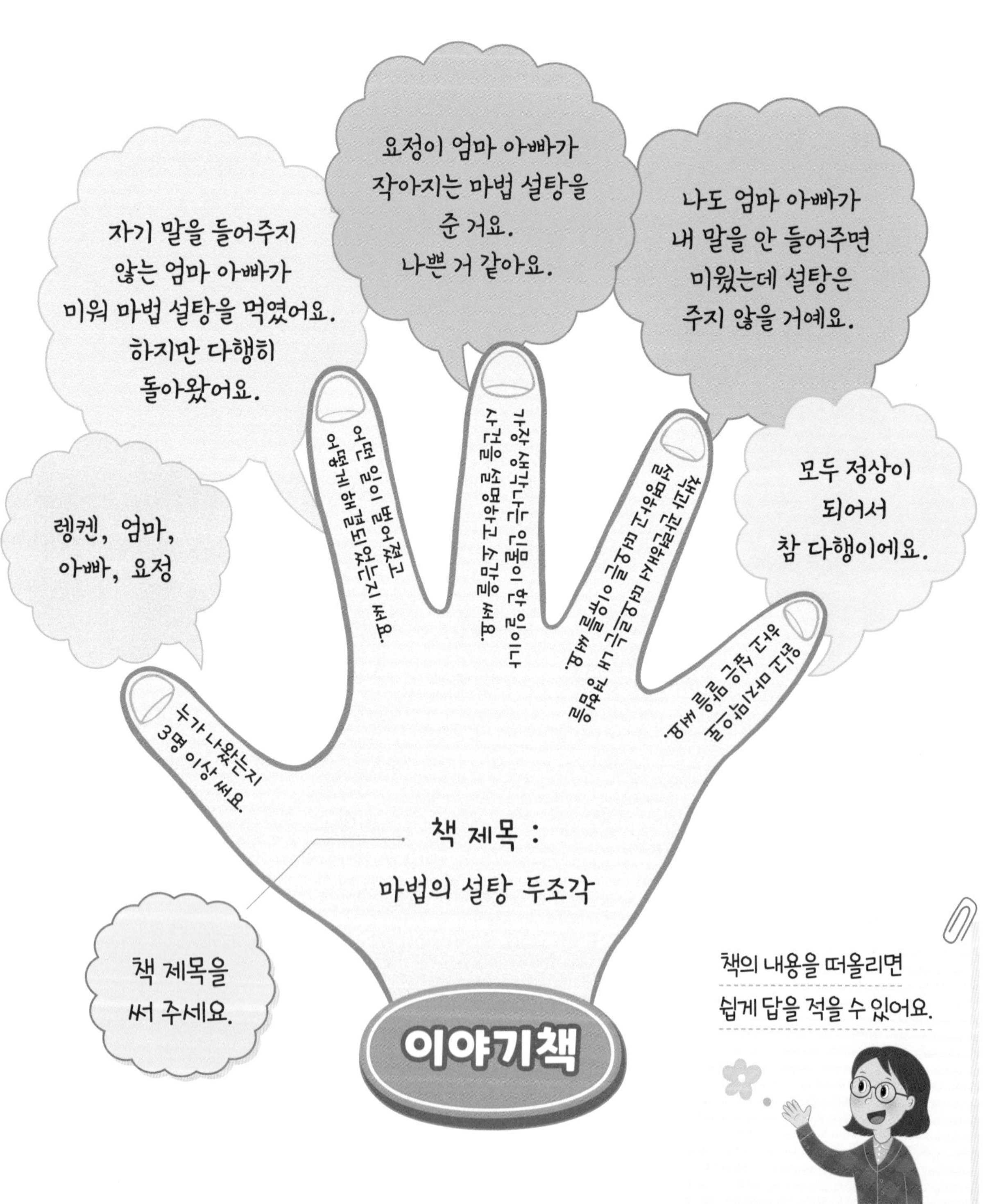

활동 4-2 다섯 손가락 짧은 독후감 쓰기

다음은 다섯 손가락 질문에 쓴 답을 엮어 짧은 독후감을 쓴 예시입니다. 글의 흐름이 이어지도록 어울리지 않는 문장은 빼도 됩니다.

책 제목	마법의 설탕 두 조각		읽은 날	2022년 8월 30일
독후감 제목	엄마 아빠는 소중해요			
재미도 체크	재미있어요	보통이에요	재미없어요	
	○			

이 책에는 렝켄, 렝켄의 부모님, 요정이 나온다.

렝켄은 자기 말을 들어주지 않는 부모님에게 요정이 준 설탕을 먹였는데, 그만 부모님의 몸이 작아져 버린다.

다행히 부모님은 원래대로 돌아왔지만 렝켄 가족을 위험에 빠지게 한 요정은 참 나쁘다.

나는 마법 설탕이 있더라도 절대 부모님에게 드리지 않을 것이다.

활동 5-1 재잘재잘 채팅하며 글쓰기

<재잘재잘 채팅하며 글쓰기>는 높은 난이도의 '짜릿한맛'이랍니다. 3단계 추천 도서인 『블랙아웃』을 읽었다면 채팅 속 상대방이 던지는 질문에 답변을 해 보세요.

재미도 체크	☆ ☆ ☆ ☆ ☆

가장 중요한 사건이 뭐야? 주인공이 겪은 일이나 큰 사건을 간단히 설명해 줄래?

동민이가 사는 곳에 전기가 나갔어요. 모든 것이 멈춰 도시가 엉망이 되었어요.

그런 일이 있었구나! 등장인물이 했던 일 중에서 가장 생각나는 것 한 가지만 말해 줘!

어른들이 동민이 동희가 산 물건을 빼앗아 가고, 경찰들은 시민을 보호한다며 마트 문을 가로막고 총까지 쐈어요.

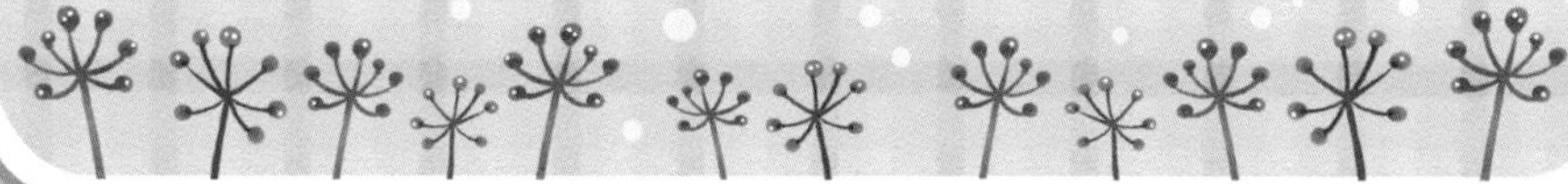

활동 5-1

그걸 보고 너는 마음이 어떻고,
어떤 생각을 했어? 너라면 어떻게 했을지
말해도 좋아.
어른들이 어린이를 보호해야
하는데 자신들만 살려고 하는 모습에
너무 화가 났어요.
가장 마음에 남는 장면은 뭐야?
왜 그 장면이 마음에 남고, 어떤 생각을
했는지도 알려 줘.
어린아이들도 위험했지만,
동물은 그런 상황에선 정말
아무 보호를 못 받는 것 같아요.

혹시 책 내용과 비슷한 경험을 한 적이 있어?
주변에서 듣거나 본 것도 괜찮아!

저희 아파트에 3시간 동안 전기가
나갔어요. 그런데 어른들이
관리 사무소에 찾아가 화를 내고,
어떤 어른은 시청에 항의 전화도 했어요.

그 일은 어떻게 해결되었니?
해결이 되지 않았다면, 어떻게 해야
해결할 수 있을지 말해 줘!

변압기 고장으로 정전이 된 건데,
화부터 내기보다 원인을 알고
대처하는 게 좋을 것 같다는 생각을 했어요.

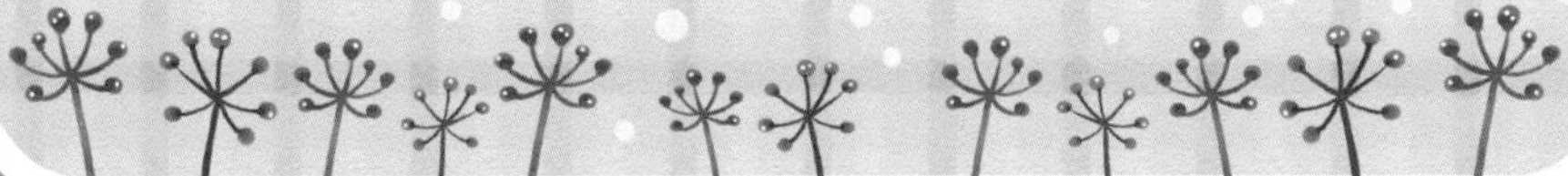

활동 5-1

책 내용과 너의 경험을 통해서 깨닫게 된 것,
생각이 바뀌거나 행동해야겠다고
다짐한 것이 있니?

살다 보면 재난이 많이 생길 텐데
준비를 해야 할 것 같아요.
그리고 우리 가족을 잘 지켜야 할 것 같았어요.

오늘 책 이야기 너무 즐거웠어! 하지 못한
이야기가 있다면 마지막으로 말해 줄래?

마지막에 전기가 들어오긴 했는데
무언가 쓸쓸한 느낌이 들었어요.
이유가 뭔지 생각해 보고 싶어요.

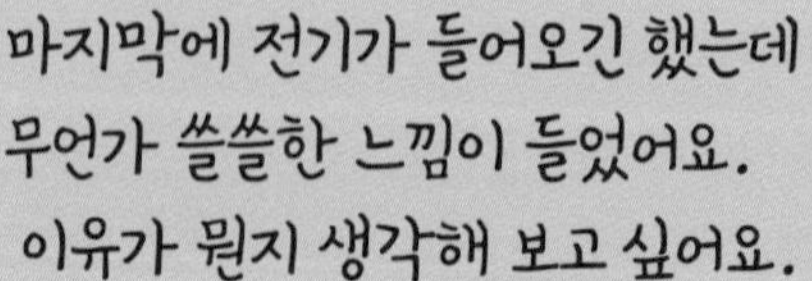

짜릿한맛

활동 5-2 채팅으로 긴 독후감 쓰기

〈채팅으로 긴 독후감 쓰기〉는 글밥이 많은 책을 읽은 뒤 독후감 쓰기를 어려워했던 어린이를 위한 독후 활동입니다. 독후감 쓰기 중 가장 어려운 '짜릿한맛'의 난이도이지만 걱정 마세요. 채팅을 하며 쓴 답변을 엮기만 해도 멋진 독후감이 완성되니까요.

우선 글을 쓰기 전에 책의 서지 정보를 하나하나 써 보세요.

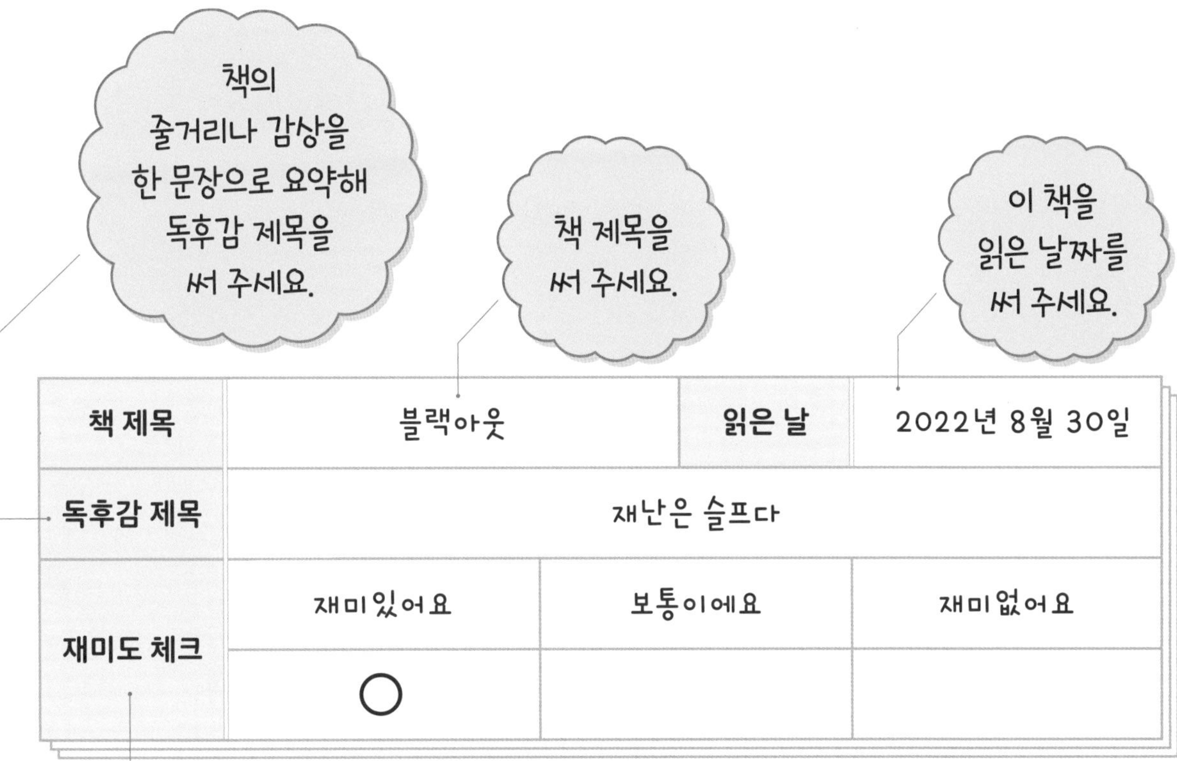

책 제목	블랙아웃	읽은 날	2022년 8월 30일
독후감 제목	재난은 슬프다		
재미도 체크	재미있어요	보통이에요	재미없어요
	○		

책을 읽은 후 책의 재미도를 체크하는 곳입니다. 재미있어요, 보통이에요, 재미없어요 중에 내가 느낀 곳에 동그라미를 그려 표시해 주세요. 각 파트마다 재미도, 별점, 미덕, 경제 관심도, 난이도로 질문이 달라지니 잘 보고 체크하세요.

활동 5-2

짜릿한 맛

평소처럼 내용을 정리하기가 어려웠던 아이들도 채팅의 질문과 답을 적절하게 엮는다면 긴 내용의 독후감을 쉽게 쓸 수 있습니다.

오누이인 동민이랑 동희가 사는 도시에 전기가 나갔다. 부모님은 하필 외국에 계셨다. 전기가 나가자 사람들은 점점 이기적이 되었다. 준수 엄마가 동민이네 집에 와서 쌀을 빼앗아가려고 했던 것, 경찰들이 시민을 보호한다며 오히려 마트에 못 들어가게 하고 심지어 총을 쏜 것이 충격적이었다. 재난이 생기면 아이들을 보호해야 할 어른들이 위협하는 것에 화가 났다. 또한 재난 상황에서는 동물들이 먼저 희생을 당하는 것 같아 안타깝다. 우리 아파트에도 전기가 나간 적이 있었는데 무턱대고 관리소에 항의하는 어른들을 보고 실망한 기억이 떠오른다. 재난 상황이 오면 침착하게 그저 알아서 대비해야 할 것 같다.

<재잘재잘 채팅하며 글쓰기>만 있다면 긴 글의 독후감도 어렵지 않아요. 채팅한 답변을 앞뒤 문장에 맞게 나열해서 쓰면 되지만, 갑자기 떠오른 생각을 써도 좋고, 답변한 내용 중 문맥에 맞지 않는 내용은 빼고 써도 됩니다.

나의 다짐

본격적으로 독후감을 쓰기 전에
<나의 다짐>을 적어 보세요. 어떤 책을 읽고 싶은지,
독후감 활동을 앞둔 나의 마음을 써도 좋아요.

나 (............................)은

오늘부터 즐겁게 책을 읽고 독후감을 쓰겠습니다.

독후감은 일주일에 (..................)번 쓰겠습니다.

책을 읽고 독후감을 쓰면서

(....)

사람이 되겠습니다.

Part

1

이야기책을 읽고 독후감을 써요!

이야기책이란?

이야기책은 우리가 살아가는 이 세상 모습을 그대로 담고 있어요. 나와 가족, 우리 이웃들의 다양한 삶의 모습을 보면서 서로를 이해하는 마음을 키울 수도 있지요.

이 세상에서 일어나는 다양한 일에 관심을 가져 보면 어떨까요? 나와 다른 사람에게 일어나는 일들을 이야기책을 통해 만나다 보면 '어떻게 사는 것이 잘 사는 것일까'란 생각도 들게 만드는 것이 이야기책이에요.

이야기책 읽는 법

이야기책을 읽을 때는 어떻게 읽어야 할까요?

❶ 이야기 속에 **누가 등장했는지** 생각하며 읽어요.

❷ **어떤 일이 벌어졌는지** 생각하며 읽어요.

❸ 그 일은 **어떻게 해결되었는지** 생각하며 읽어요.

❹ 내 마음에 쏙 들어온 **인물이나 사건은 무엇인지** 생각하며 읽어요.

❺ 책 내용과 관련된 **내 경험은 무엇이 있는지** 생각하며 읽어요.

❻ 책을 읽고 **바뀌게 된 생각이 있는지** 생각하며 읽어요.

독후감 쓰기 좋은 이야기책

아래 책을 읽고 독후감을 써 보세요. 꼭 자기 학년 책을 고르지 않아도 괜찮아요. 읽을 수 있는 책, 나의 마음에 울림을 준 책을 고르는 것이 더 중요하니까요. 여러분이 읽었던 책으로 써도 좋답니다.

단계			
1단계			
	황소 아저씨 (권정생 글, 정승각 그림, 길벗어린이)	**저 책은 절대 읽으면 안 돼!** (임지형 글, 정용환 그림, 미래엔아이세움)	**두고 보자! 커다란 나무** (사노 요코 글·그림, 시공주니어)
2단계			
	마법의 설탕 두 조각 (미하엘 엔데 글, 진드라 차페크 그림, 한길사)	**만복이네 떡집** (김리리 글, 이승현 그림, 비룡소)	**자석 총각 끌리스** (임정진 글, 김준영 그림, 해와나무)
3단계			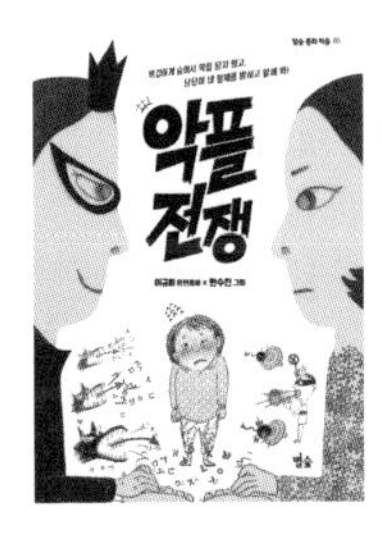
	블랙아웃 (박효미 글, 마영신 그림, 한겨레아이들)	**오, 나의 달고나** (신지명 글, 송효정 그림, 낮은산)	**악플 전쟁** (이규희 글, 한수진 그림, 별숲)

내가 읽은 책 제목 쓰기

1단계 추천 도서를 읽거나 읽어 본 이야기책의 제목을 아래에 써 보세요!

활동 예시: 14쪽

내가 읽은 책 제목 쓰기

2단계 추천 도서를 읽거나 읽어 본 이야기책의 제목을 아래에 써 보세요!

활동 예시: 14쪽

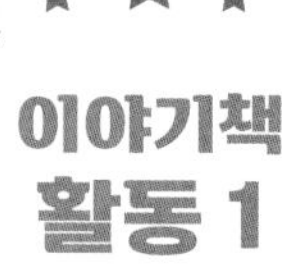

내가 읽은 책 제목 쓰기

3단계 추천 도서를 읽거나 읽어 본 이야기책의 제목을 아래에 써 보세요!

활동 예시: 14쪽

이야기책
활동 2

말하기 카드로 놀며 말하기!

이야기책을 읽고 나서 말하기 카드를 활용해 책 내용을 정리해 보세요!

활동 예시: 15쪽

1
이 책에 등장하는
인물은 말이야.
이야기책

2
책에서 이런 일(사건)이
일어났어!
이야기책

3
그 일(사건)은 이렇게
해결됐어!
이야기책

4
가장 생각나는 장면과
이유를 말할게.
이야기책

5
가장 생각나는 사람과
이유를 말할게.
이야기책

6
책을 읽으니까 생각나는
경험(또는 뉴스에서
본 것)이 있어!
이야기책

7
책을 읽고 깨닫게 된 것,
생각이 바뀐 것,
다짐하게 된 것이 있어.
이야기책

8
이 책을 읽고 마지막으로
하고 싶은 말이 있어!
이야기책

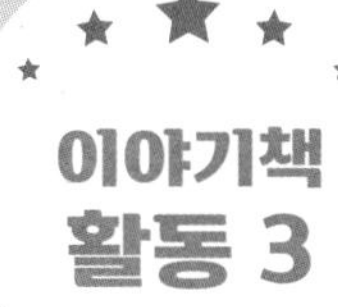

알쏭달쏭 괄호 채우며 쓰기

아래 내용을 잘 읽어 보고, 괄호 안에 어울리는 내용을 생각해서 채워 보세요. 활동 예시: 16쪽

책 제목		읽은 날	년 월 일
독후감 제목			
재미도 체크	재미있어요	보통이에요	재미없어요

오늘 내가 읽은 책은 ( )이다.

이 책에는 ( )이 나온다.

책에서 일어난 일은 ( )이다.

그 일은 (

) 해결됐다.

가장 생각나는 장면은 ( )이다.

왜냐하면 ( )(이)기 때문이다.

이 책을 읽으니까 ( ).

알쏭달쏭 괄호 채우며 쓰기

아래 내용을 잘 읽어 보고, 괄호 안에 어울리는 내용을 생각해서 채워 보세요. 활동 예시: 16쪽

책 제목		읽은 날	년 월 일
독후감 제목			
재미도 체크	재미있어요	보통이에요	재미없어요

오늘 내가 읽은 책은 ( )이다.

이 책에는 ( )이 나온다.

책에서 일어난 일은 ( )이다.

그 일은 (

) 해결됐다.

가장 생각나는 장면은 ( )이다.

왜냐하면 ( )(이)기 때문이다.

이 책을 읽으니까 ( ).

알쏭달쏭 괄호 채우며 쓰기

아래 내용을 잘 읽어 보고, 괄호 안에 어울리는 내용을 생각해서 채워 보세요. 활동 예시: 16쪽

책 제목		읽은 날	년 월 일
독후감 제목			
재미도 체크	재미있어요	보통이에요	재미없어요

오늘 내가 읽은 책은 (______________________)이다.

이 책에는 (______________________)이 나온다.

책에서 일어난 일은 (______________________)이다.

그 일은 (______________________

______________________) 해결됐다.

가장 생각나는 장면은 (______________________)이다.

왜냐하면 (______________________)(이)기 때문이다.

이 책을 읽으니까 (______________________).

재미있는 다섯 손가락 쓰기

달콤한 맛

읽은 책 중에 재미있었거나 마음에 남는 책을 고르고, 다섯 손가락에 답변을 써 보세요. 활동 예시: 18쪽

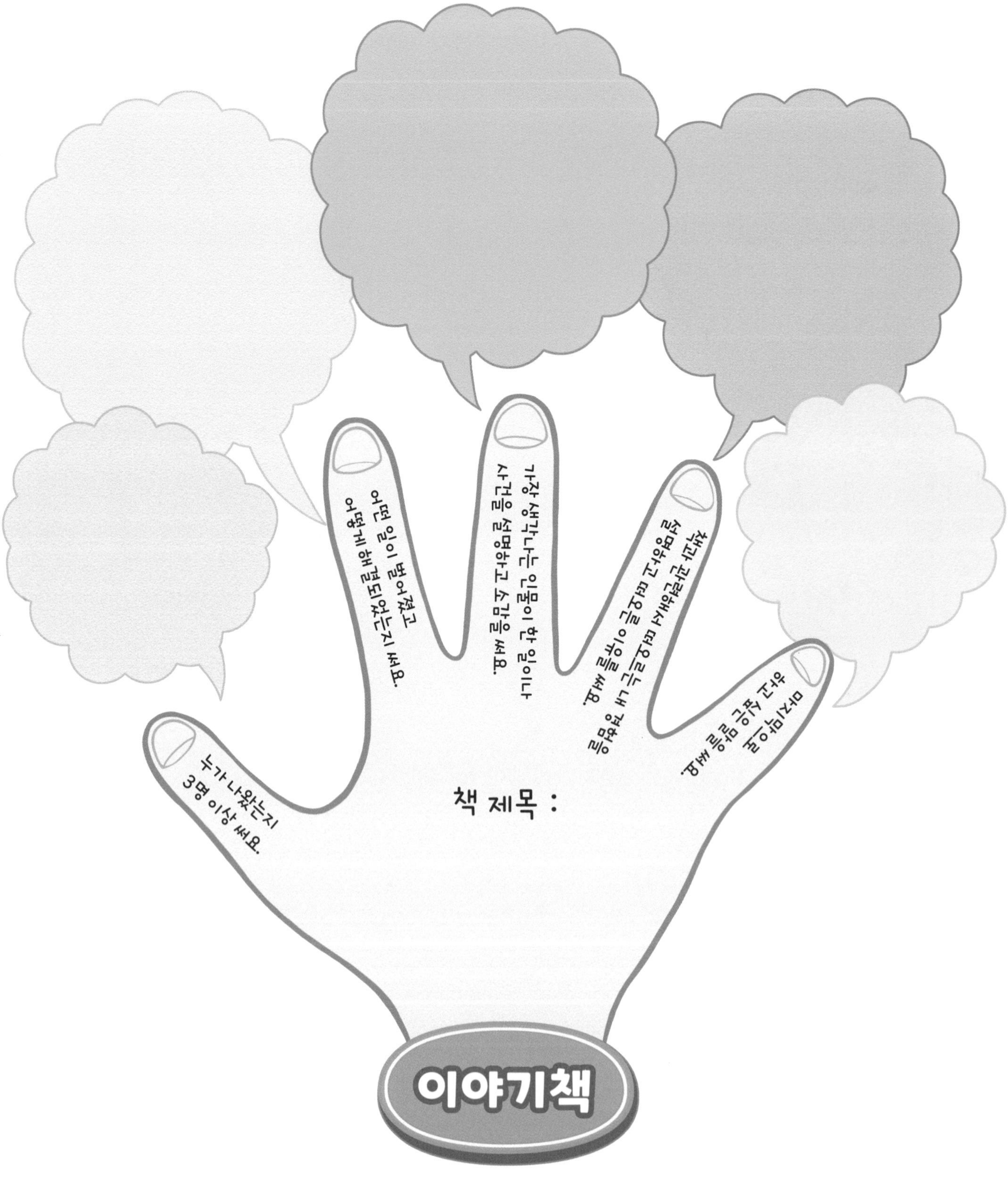

누가 나왔는지
3명 이상 써요.

어떤 일이 벌어졌고
어떻게 해결되었는지 써요.

가장 생각나는 인물이 한 일이나
사건을 설명하고 소감을 써요.

책과 관련해서 떠오르는 내 경험을
설명하고 떠오른 이유를 써요.

마지막으로
느낀 점을 써요.

책 제목 :

이야기책

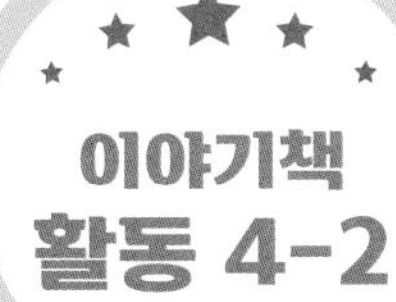

다섯 손가락 짧은 독후감 쓰기

다섯 손가락 질문에 쓴 답변을 정리하여 독후감을 써 보세요.

활동 예시: 19쪽

책 제목		읽은 날	년 월 일
독후감 제목			
재미도 체크	재미있어요	보통이에요	재미없어요

재미있는 다섯 손가락 쓰기

달콤한 맛

읽은 책 중에 재미있었거나 마음에 남는 책을 고르고, 다섯 손가락에 답변을 써 보세요. 활동 예시: 18쪽

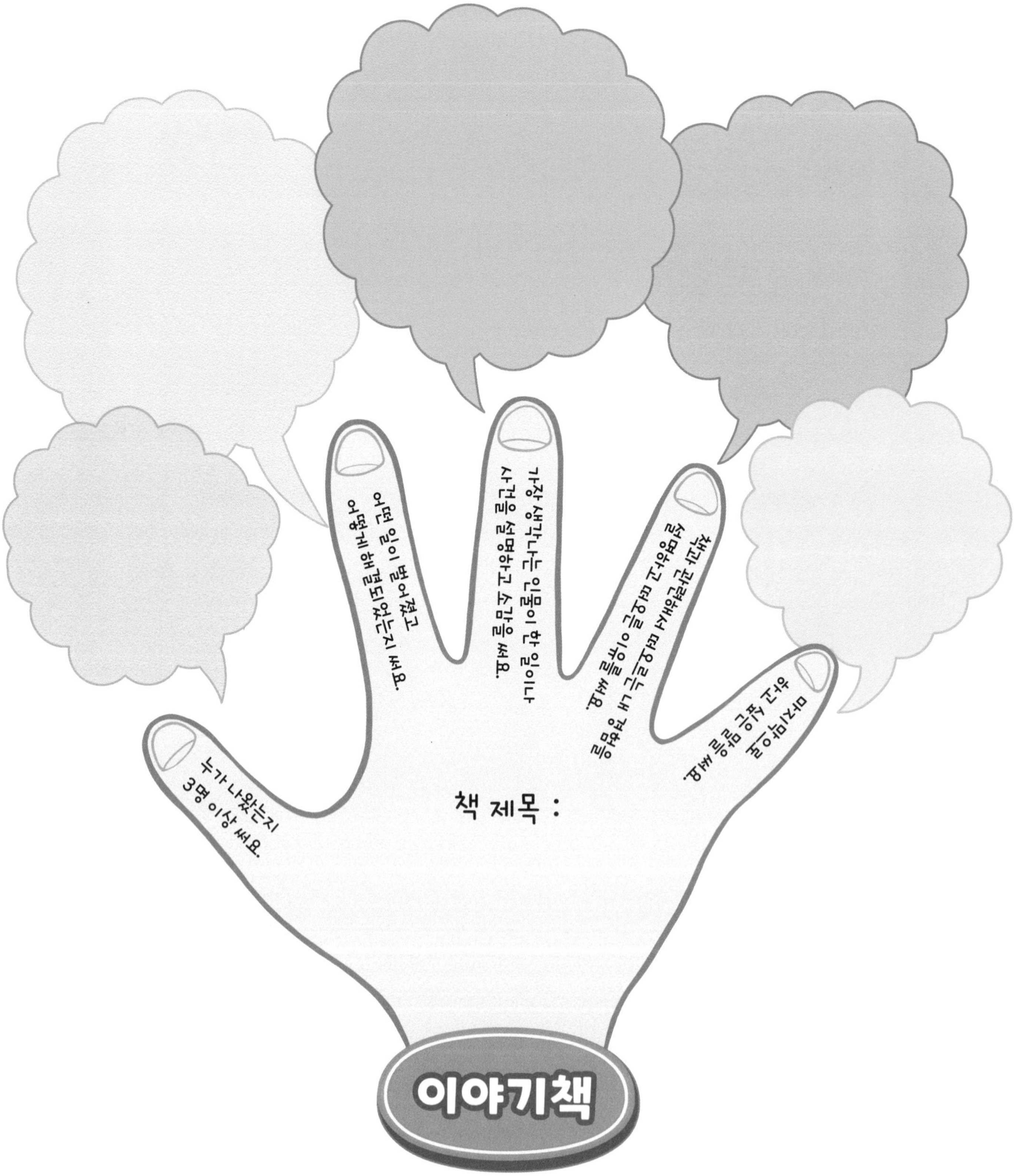

누가 나왔는지 3명 이상 써요.

어떤 일이 벌어졌고 어떻게 해결되었는지 써요.

가장 생각나는 인물이 한 일이나 사건을 설명하고 소감을 써요.

책과 관련해서 떠오르는 내 경험을 설명하고 떠오른 이유를 써요.

마지막으로 하고 싶은 말을 써요.

책 제목 :

이야기책

다섯 손가락 짧은 독후감 쓰기

다섯 손가락 질문에 쓴 답변을 정리하여 독후감을 써 보세요.

활동 예시: 19쪽

책 제목		읽은 날	년 월 일
독후감 제목			
재미도 체크	재미있어요	보통이에요	재미없어요

이야기책
활동 4-1

재미있는 다섯 손가락 쓰기

달콤한 맛

읽은 책 중에 재미있었거나 마음에 남는 책을 고르고, 다섯 손가락에 답변을 써 보세요. 활동 예시: 18쪽

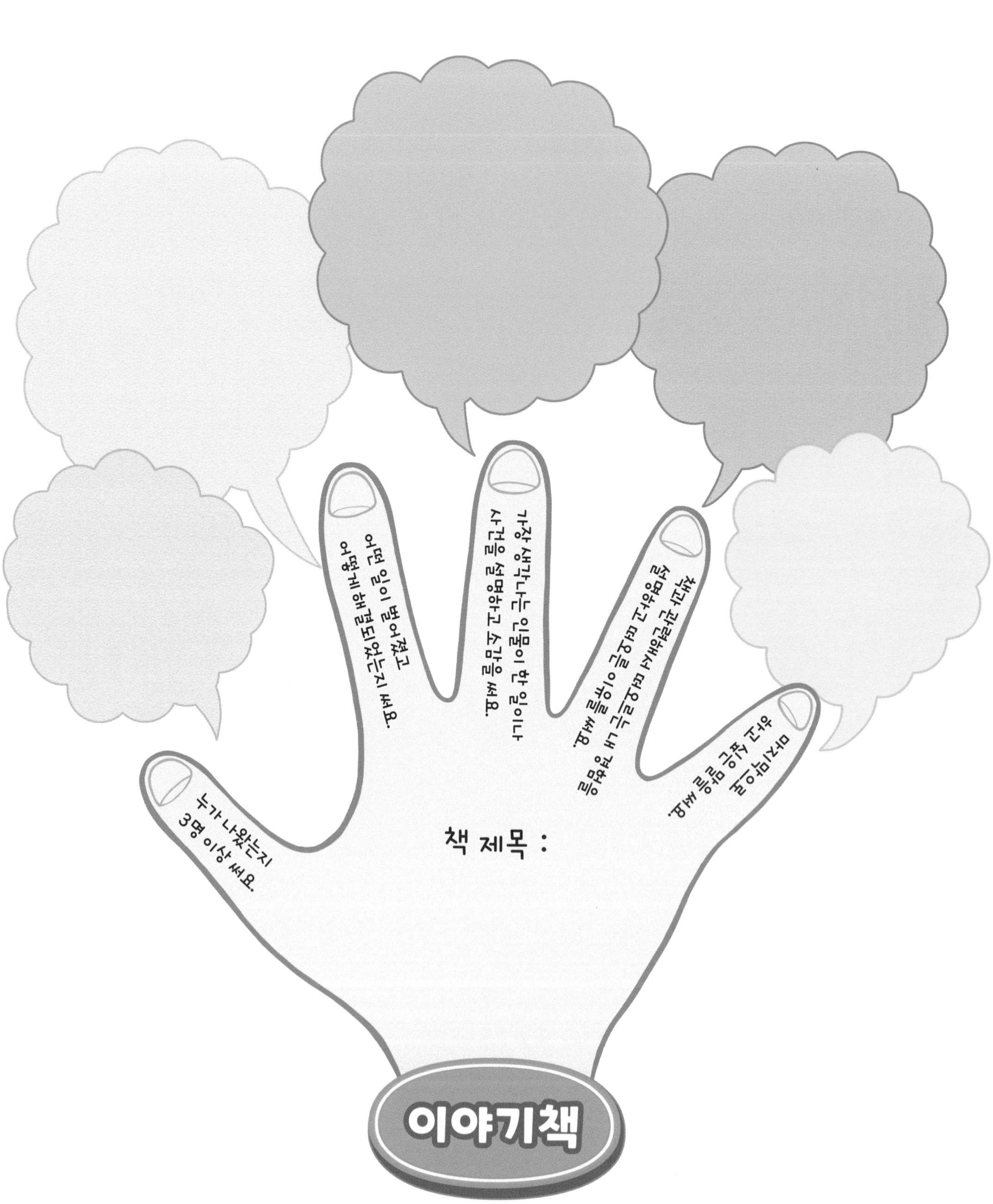

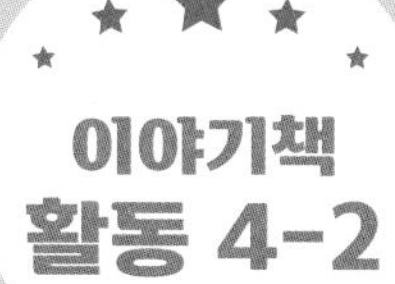

다섯 손가락 짧은 독후감 쓰기

다섯 손가락 질문에 쓴 답변을 정리하여 독후감을 써 보세요.

활동 예시: 19쪽

책 제목		읽은 날	년 월 일
독후감 제목			
재미도 체크	재미있어요	보통이에요	재미없어요

재잘재잘 채팅하며 글쓰기

재미도 체크	☆ ☆ ☆ ☆ ☆

만나서 반가워! 나는 빨간 머리 앤이야.
너와 책 이야기를 하고 싶어서
메시지를 보내!

우와! 안녕?
나도 내가 읽은 책 이야기를 하고 싶어.

그래, 이 책에 누가 나오는지
3명만 알려 줄래?

인상 깊게 읽은 책을 골라 빨간 머리 앤과 채팅을 해 보세요.
질문에 답을 할 땐 책을 다시 살펴봐도 되고, 답하기 어려운 질문이 있다면 1~2개는 건너뛰어도 좋습니다. 활동 예시: 20쪽

그걸 보고 너는 마음이 어떻고,
어떤 생각을 했어?
너라면 어떻게 했을지 말해도 좋아.

가장 마음에 남는 장면은 뭐야?
왜 그 장면이 마음에 남고,
어떤 생각을 했는지도 알려 줘.

혹시 책 내용과 비슷한 경험을
한 적이 있어?
주변에서 듣거나 본 것도 괜찮아!
그 일은 어떻게 해결되었니?
해결이 되지 않았다면,
어떻게 해야 해결할 수 있을지 말해 줘!

책 내용과 너의 경험을 통해서
깨닫게 된 것, 생각이 바뀌거나
행동해야겠다고 다짐한 것이 있니?

오늘 책 이야기 너무 즐거웠어!
하지 못한 이야기가 있다면
마지막으로 말해 줄래?

채팅으로 긴 독후감 쓰기

채팅으로 나눈 대화를 연결해서 독후감을 써 보세요! 활동 예시: 25쪽

책 제목			읽은 날	년 월 일
독후감 제목				
재미도 체크	재미있어요	보통이에요	재미없어요	

재잘재잘 채팅하며 글쓰기

재미도 체크	☆ ☆ ☆ ☆ ☆

만나서 반가워!
나는 톰 소여야. 너와 책 이야기를 하고
싶어서 메시지를 보내!

우와! 안녕?
나도 내가 읽은 책 이야기를 하고 싶어.

그래, 이 책에 누가 나오는지
3명만 알려 줄래?

인상 깊게 읽은 책을 골라 톰 소여와 채팅을 해 보세요.
질문에 답을 할 땐 책을 다시 살펴봐도 되고, 답하기 어려운 질문이 있다면 1~2개는 건너뛰어도 좋습니다. 활동 예시: 20쪽

이야기책 활동 5-1

그걸 보고 너는 마음이 어땠고,
어떤 생각을 했어?
너라면 어떻게 했을지 말해도 좋아.

가장 마음에 남는 장면은 뭐야?
왜 그 장면이 마음에 남고,
어떤 생각을 했는지도 알려 줘.

혹시 책 내용과 비슷한 경험을
한 적이 있어?
주변에서 듣거나 본 것도 괜찮아!
그 일은 어떻게 해결되었니?
해결이 되지 않았다면,
어떻게 해야 해결할 수 있을지 말해 줘!

책 내용과 너의 경험을 통해서
깨닫게 된 것, 생각이 바뀌거나
행동해야겠다고 다짐한 것이 있니?

오늘 책 이야기 너무 즐거웠어!
하지 못한 이야기가 있다면
마지막으로 말해 줄래?

채팅으로 긴 독후감 쓰기

채팅으로 나눈 대화를 연결해서 독후감을 써 보세요! 활동 예시: 25쪽

책 제목		읽은 날	년 월 일
독후감 제목			
재미도 체크	재미있어요	보통이에요	재미없어요

재잘재잘 채팅하며 글쓰기

재미도 체크	☆ ☆ ☆ ☆ ☆

만나서 반가워!
나는 놀부야. 너와 책 이야기를 하고
싶어서 메시지를 보내!

우와! 안녕하세요?
저도 제가 읽은 책 이야기를 들려드리고 싶어요.

그래, 이 책에 누가 나오는지
3명만 알려 줄래?

인상 깊게 읽은 책을 골라 놀부와 채팅을 해 보세요.
질문에 답을 할 땐 책을 다시 살펴봐도 되고, 답하기 어려운 질문이 있다면 1~2개는 건너뛰어도 좋습니다. 활동 예시: 20쪽

짜릿한 맛

그걸 보고 너는 마음이 어떻고,
어떤 생각을 했어?
너라면 어떻게 했을지 말해도 좋아.

가장 마음에 남는 장면은 뭐야?
왜 그 장면이 마음에 남고,
어떤 생각을 했는지도 알려 줘.

혹시 책 내용과 비슷한 경험을
한 적이 있어?
주변에서 듣거나 본 것도 괜찮아!
그 일은 어떻게 해결되었니?
해결이 되지 않았다면,
어떻게 해야 해결할 수 있을지 말해 줘!

이야기책 활동 5-1

책 내용과 너의 경험을 통해서
깨닫게 된 것, 생각이 바뀌거나
행동해야겠다고 다짐한 것이 있니?

오늘 책 이야기 너무 즐거웠어!
하지 못한 이야기가 있다면
마지막으로 말해 줄래?

채팅으로 긴 독후감 쓰기

채팅으로 나눈 대화를 연결해서 독후감을 써 보세요! 활동 예시: 25쪽

책 제목		읽은 날	년 월 일
독후감 제목			
재미도 체크	재미있어요	보통이에요	재미없어요

Part

2

인물책을 읽고 독후감을 써요!

인물책이란?

인물책은 이 세상에 큰 영향을 미치거나 사람들의 마음에 울림을 준 사람의 생애를 쓴 글이에요. 모든 사람의 삶이 그렇듯 인물책의 주인공들도 어려움을 이겨 내고 자신이 하고자 하는 일을 성취하기 위해 애쓰며 살았답니다.

인물책을 읽고 여러분이 정말 하고 싶은 일은 무엇인지 생각해 보고, 자신을 믿고 나아가는 힘을 얻을 수 있으면 좋겠어요!

인물책 읽는 법

인물책을 읽을 때는 어떻게 읽어야 할까요?

❶ 그 인물이 어떤 일을 하려고 노력했는지 생각하며 읽어요.
❷ 인물의 인생에서 도움이 된 사람은 누구였는지, 어떻게 도왔는지 생각하며 읽어요.
❸ 반대로 방해가 되거나 힘들게 한 사람은 누구였는지, 어떻게 방해하거나 힘들게 했는지 생각하며 읽어요.
❹ 인물의 *강점이나 장점을 생각하며 읽어요.
❺ 인물이 한 일이 당시 사회나 지금 우리에게 어떤 영향을 주고 있는지 생각하며 읽어요!

*강점 남보다 뛰어나거나 잘하는 점.

독후감 쓰기 좋은 인물책

아래 책을 읽고 독후감을 써 보세요. 꼭 자기 학년 책을 고르지 않아도 괜찮아요. 읽을 수 있는 책, 나의 마음에 울림을 준 책을 고르는 것이 더 중요하니까요. 여러분이 읽었던 책으로 써도 좋답니다.

1단계

나는 제인 구달이야!
(브래드 멜처 글, 엘리오풀로스 그림, 보물창고)

세종 대왕, 한글로 겨레의 눈을 밝히다
(마술연필 글, 이수아 그림, 보물창고)

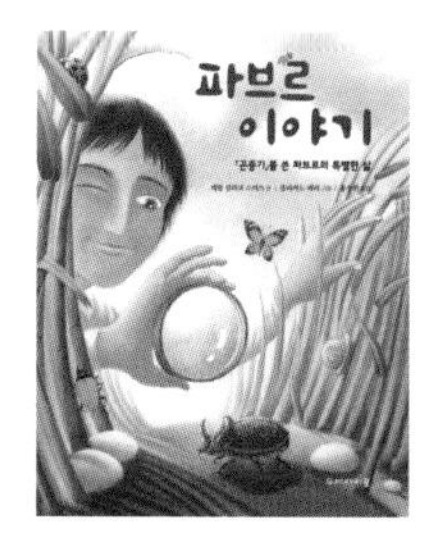

파브르 이야기
(매튜 클라크 스미스 글, 줄리아노 페리 그림, 두레아이들)

2단계

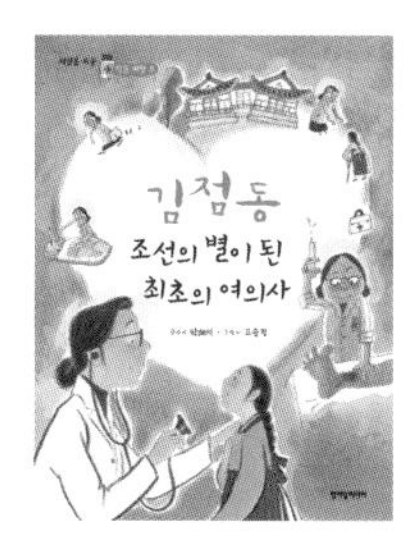

김점동 조선의 별이 된 최초의 여의사
(박혜선 글, 고순정 그림, 청어람미디어)

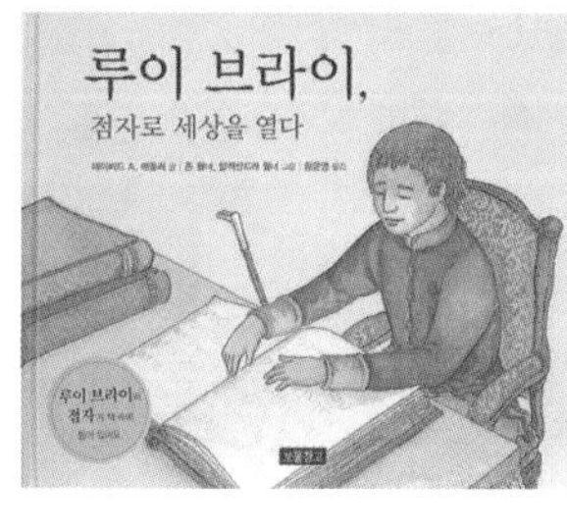

루이 브라이, 점자로 세상을 열다
(데이비드 A. 애들러 글, 존 월너, 알렉산드라 월너 그림, 보물창고)

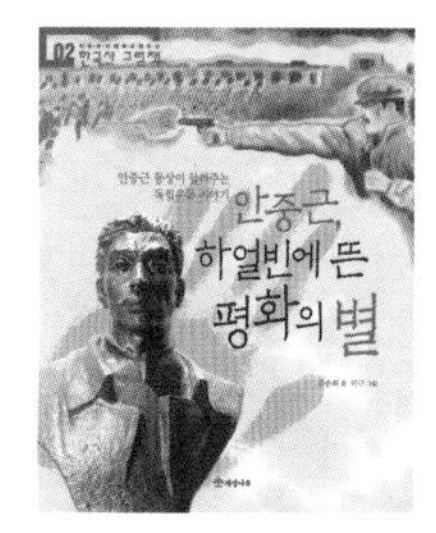

안중근, 하얼빈에 뜬 평화의 별
(유순희 글, 허구 그림, 개암나무)

3단계

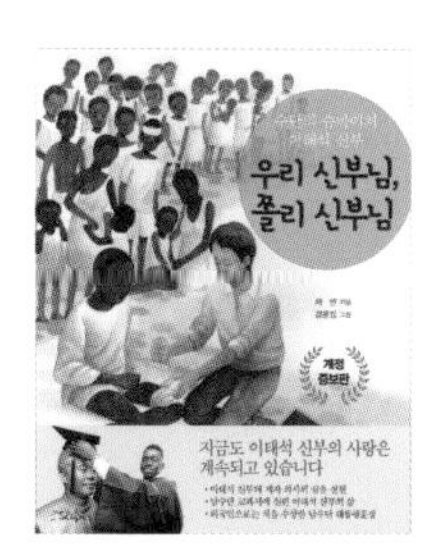

우리 신부님, 쫄리 신부님
(채빈 글, 김윤정 그림, 스코프)

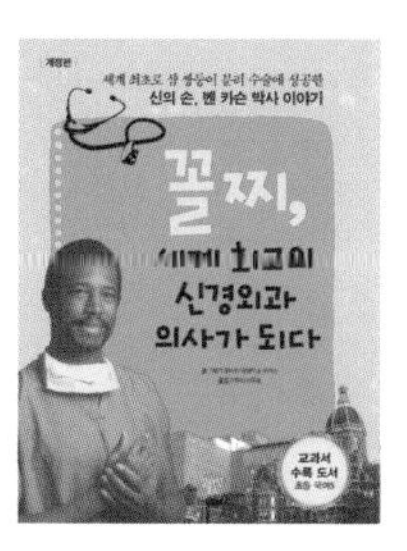

꼴찌, 세계 최고의 신경외과 의사가 되다
(그레스 루이스·데보라 쇼 루이스 글, 알라딘북스)

유일한 이야기
(조영권 글, 타마 그림, 웅진주니어)

내가 읽은 책 제목 쓰기

1단계 추천 도서를 읽거나 읽어 본 인물책의 제목을 아래에 써 보세요!

활동 예시: 14쪽

2단계 내가 읽은 책 제목 쓰기

2단계 추천 도서를 읽거나 읽어 본 인물책의 제목을 아래에 써 보세요!

활동 예시: 14쪽

내가 읽은 책 제목 쓰기

3단계 추천 도서를 읽거나 읽어 본 인물책의 제목을 아래에 써 보세요!

활동 예시: 14쪽

인물책
활동 2

말하기 카드로 놀며 말하기!

인물책을 읽고 나서 말하기 카드를 활용해 책 내용을 정리해 보세요!

활동 예시: 15쪽

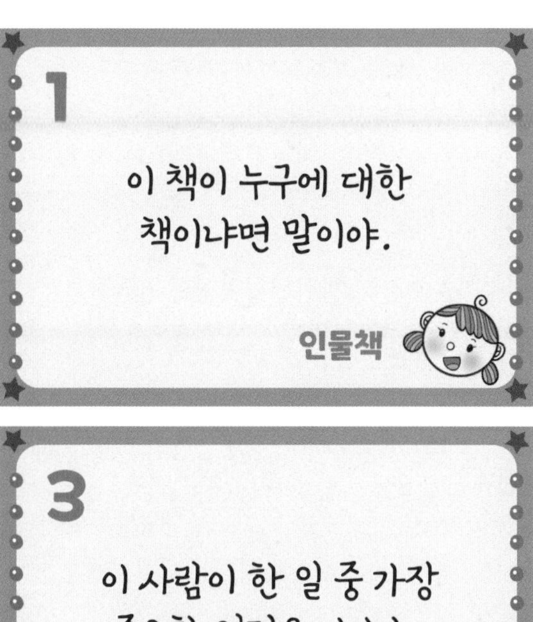

1

이 책이 누구에 대한
책이냐면 말이야.

인물책

2

이 사람에게 생긴
어려운 일은 이거야.

인물책

3

이 사람이 한 일 중 가장
중요한 업적은 이거야.

인물책

4

이 사람을 도운 사람은
이렇게 도왔어.

인물책

5

이 사람을 힘들게 하거나
방해한 사람은
이런 일을 했어.

인물책

6

이 사람의 강점이나
장점은 이것 같아!

인물책

7

이 사람이 한 일은 우리
에게 이런 의미가 있어.

인물책

8

나는 이 사람의 인생을
보고 이런 생각을 했어.

인물책

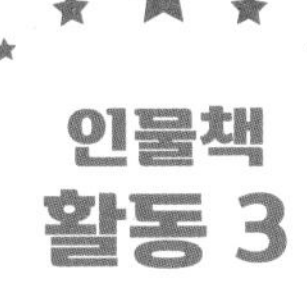

알쏭달쏭 괄호 채우며 쓰기

아래 내용을 잘 읽어 보고, 괄호 안에 어울리는 내용을 생각해서 채워 보세요. 활동 예시: 16쪽

책 제목		읽은 날	년 월 일
독후감 제목			
별점	재미 ☆☆☆☆☆	의미 ☆☆☆☆☆	
미덕	지혜 인내 끈기 노력 열정 용서 배려 정직 사랑 용기		

오늘 내가 읽은 책의 제목은 (____________________)이다.

이 책은 (__________)(이)라는 사람의 일생을 보여 주는 책이다.

이 사람은 (____________________) 일을 했다.

이 사람의 장점은 (____________________)이다.

이 책을 읽고 나는 (____________________

____________________) 생각을 했다.

나는 이 책의 주인공에게 (____________________)라고

말하고 싶다.

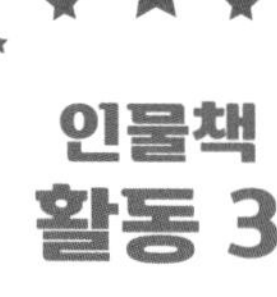

알쏭달쏭 괄호 채우며 쓰기

아래 내용을 잘 읽어 보고, 괄호 안에 어울리는 내용을 생각해서 채워 보세요. 활동 예시: 16쪽

책 제목		읽은 날	년 월 일
독후감 제목			
별점	재미 ☆☆☆☆☆	의미 ☆☆☆☆☆	
미덕	지혜 인내 끈기 노력 열정 용서 배려 정직 사랑 용기		

오늘 내가 읽은 책의 제목은 ( )이다.

이 책은 ( )(이)라는 사람의 일생을 보여 주는 책이다.

이 사람은 ( ) 일을 했다.

이 사람의 장점은 ( )이다.

이 책을 읽고 나는 (

) 생각을 했다.

나는 이 책의 주인공에게 ( )라고

말하고 싶다.

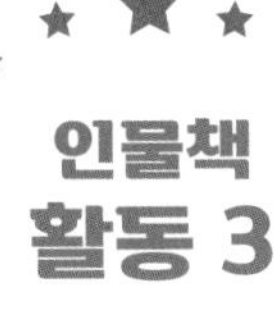
인물책 활동 3

알쏭달쏭 괄호 채우며 쓰기

아래 내용을 잘 읽어 보고, 괄호 안에 어울리는 내용을 생각해서 채워 보세요. 활동 예시: 16쪽

책 제목		읽은 날	년 월 일
독후감 제목			
별점	재미 ☆☆☆☆☆	의미 ☆☆☆☆☆	
미덕	지혜 인내 끈기 노력 열정 용서 배려 정직 사랑 용기		

오늘 내가 읽은 책의 제목은 ( )이다.

이 책은 ( )(이)라는 사람의 일생을 보여 주는 책이다.

이 사람은 ( ) 일을 했다.

이 사람의 장점은 ( )이다.

이 책을 읽고 나는 (

) 생각을 했다.

나는 이 책의 주인공에게 ( )라고

말하고 싶다.

재미있는 다섯 손가락 쓰기

달콤한 맛

읽은 책 중에 재미있었거나 마음에 남는 책을 고르고, 다섯 손가락에 답변을 써 보세요. 활동 예시: 18쪽

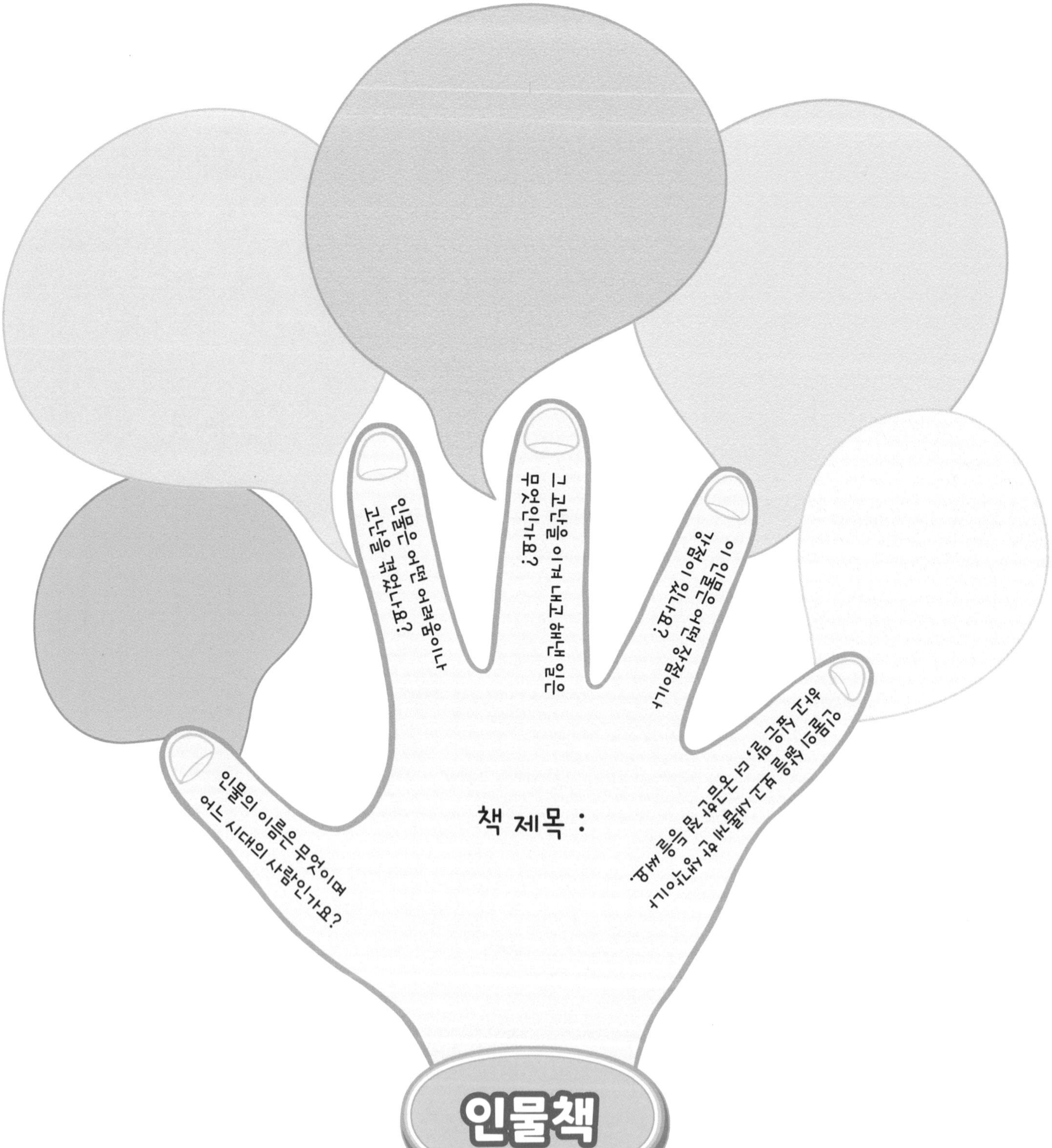

인물의 이름은 무엇이며 어느 시대의 사람인가요?

인물은 어떤 어려움이나 고난을 겪었나요?

그 고난을 이겨 내고 해낸 일은 무엇인가요?

이 인물은 어떤 장점이나 강점이 있나요?

인물의 삶을 보고 새롭게 한 생각이나 하고 싶은 말, 더 궁금한 점 등을 써요.

책 제목 :

인물책

다섯 손가락 짧은 독후감 쓰기

다섯 손가락 질문에 쓴 답변을 정리하여 독후감을 써 보세요.

활동 예시: 19쪽

책 제목					읽은 날	년 월 일			
독후감 제목									
별점	재미 ☆☆☆☆☆				의미 ☆☆☆☆☆				
미덕	지혜	인내	끈기	노력	열정	용서	배려	정직	사랑	용기

재미있는 다섯 손가락 쓰기

달콤한 맛

읽은 책 중에 재미있었거나 마음에 남는 책을 고르고, 다섯 손가락에 답변을 써 보세요. 활동 예시: 18쪽

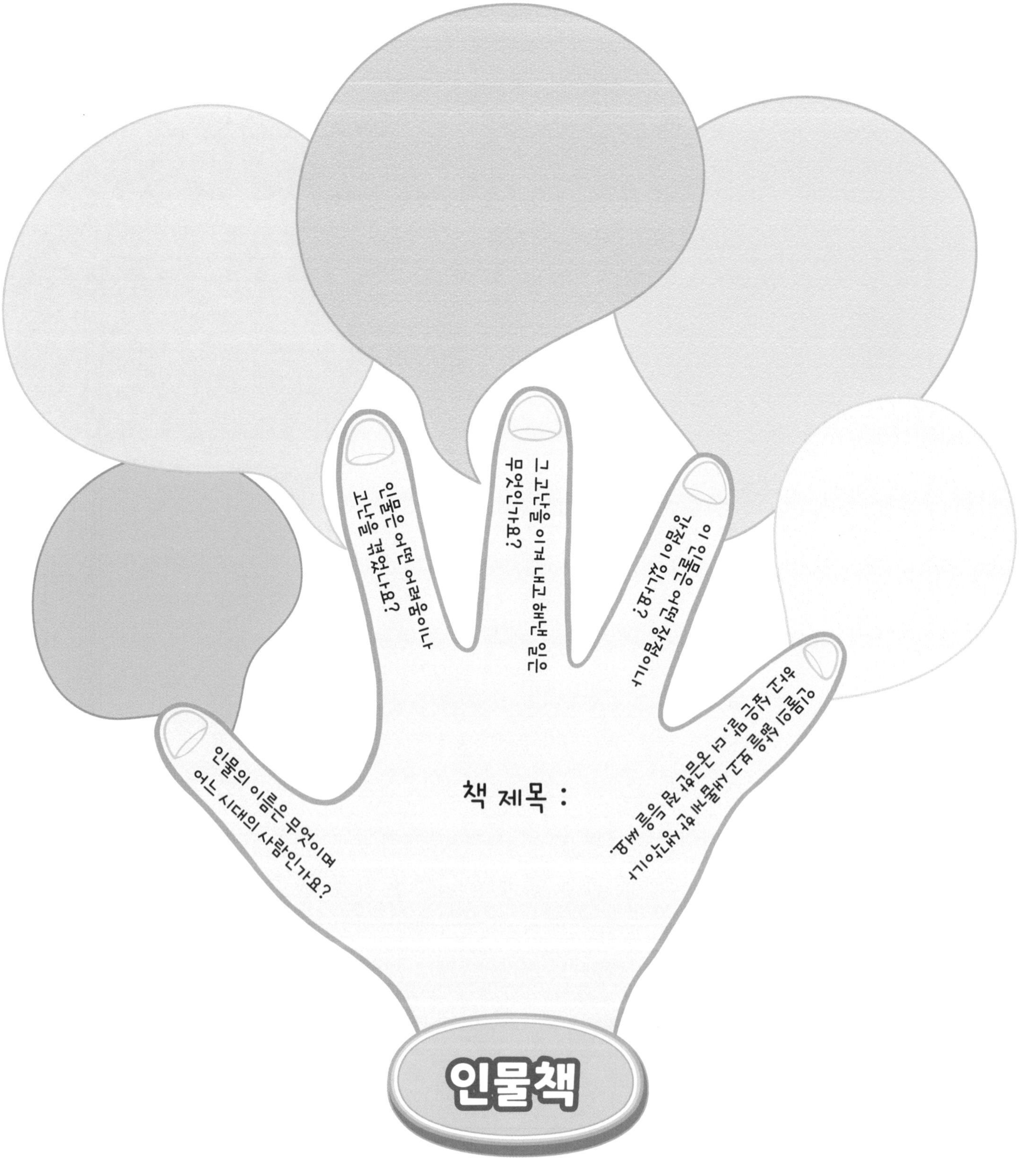

인물의 이름은 무엇이며 어느 시대의 사람인가요?

인물은 어떤 어려움이나 고난을 겪었나요?

그 고난을 이겨 내고 해낸 일은 무엇인가요?

이 인물은 어떤 장점이나 강점이 있나요?

인물의 삶을 보고 새롭게 한 생각이나 하고 싶은 말, 더 궁금한 점 등을 써요.

책 제목 :

인물책

다섯 손가락 짧은 독후감 쓰기

다섯 손가락 질문에 쓴 답변을 정리하여 독후감을 써 보세요.

활동 예시: 19쪽

책 제목					읽은 날	년 월 일			
독후감 제목									
별점	재미 ☆☆☆☆☆				의미 ☆☆☆☆☆				
미덕	지혜	인내	끈기	노력	열정	용서	배려	정직	사랑	용기

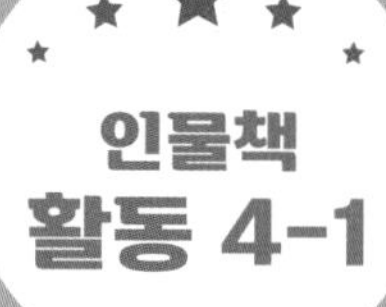

재미있는 다섯 손가락 쓰기

달콤한 맛

읽은 책 중에 재미있었거나 마음에 남는 책을 고르고, 다섯 손가락에 답변을 써 보세요. 활동 예시: 18쪽

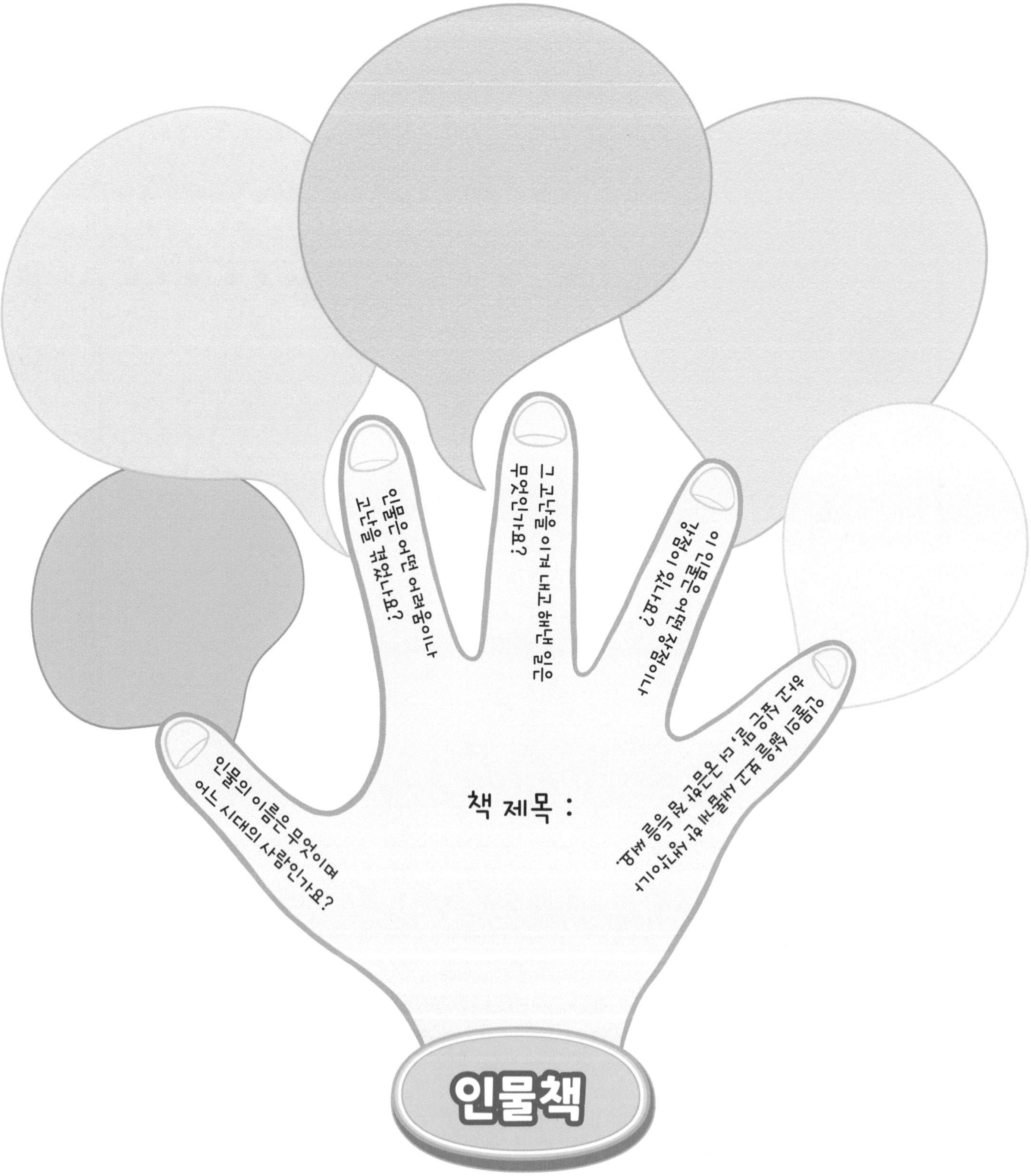

인물의 이름은 무엇이며 어느 시대의 사람인가요?

인물은 어떤 어려움이나 고난을 겪었나요?

그 고난을 이겨 내고 해낸 일은 무엇인가요?

이 인물은 어떤 장점이나 강점이 있나요?

인물의 삶을 보고 새롭게 한 생각이나 하고 싶은 말, 더 궁금한 점 등을 써요.

책 제목 :

인물책

다섯 손가락 짧은 독후감 쓰기

다섯 손가락 질문에 쓴 답변을 정리하여 독후감을 써 보세요.

활동 예시: 19쪽

책 제목					읽은 날		년 월 일			
독후감 제목										
별점	재미 ☆☆☆☆☆				의미 ☆☆☆☆☆					
미덕	지혜	인내	끈기	노력	열정	용서	배려	정직	사랑	용기

재잘재잘 채팅하며 글쓰기

재미도 체크	☆ ☆ ☆ ☆ ☆

안녕? 나는 너희들이 잘 알고 있는 세종이지! 설마 나를 모르지는 않겠지? 나하고 인물 이야기를 해 볼까?

우와! 안녕하세요?
저도 제가 읽은 책 이야기를 들려드리고 싶어요.

그렇구나. 반가운 이야기야! 인물 이름과 태어난 때, 태어난 곳, 그리고 그 사람의 대표적인 업적을 간단히 알려 줘.

인상 깊게 읽은 책을 골라 세종 대왕과 채팅을 해 보세요.
질문에 답을 할 땐 책을 다시 살펴봐도 되고, 답하기 어려운 질문이 있다면
1~2개는 건너뛰어도 좋습니다. 활동 예시: 20쪽

그 인물은 어떤 어려움을 겪었니?
어릴 때 이야기나
상황을 설명해 줘도 좋아.

그 어려움을 이겨 내고 해낸 일은 뭐니?
여러 가지 일을 알려 줘도 좋고,
가장 중요한 업적을 말해 줘도 좋아.

그 일을 해낼 때 방해가 된
사람이나 상황이 있다면 설명해 줘.

도움이 된 사람이 어떻게 도와주었는지도 알려 줘.

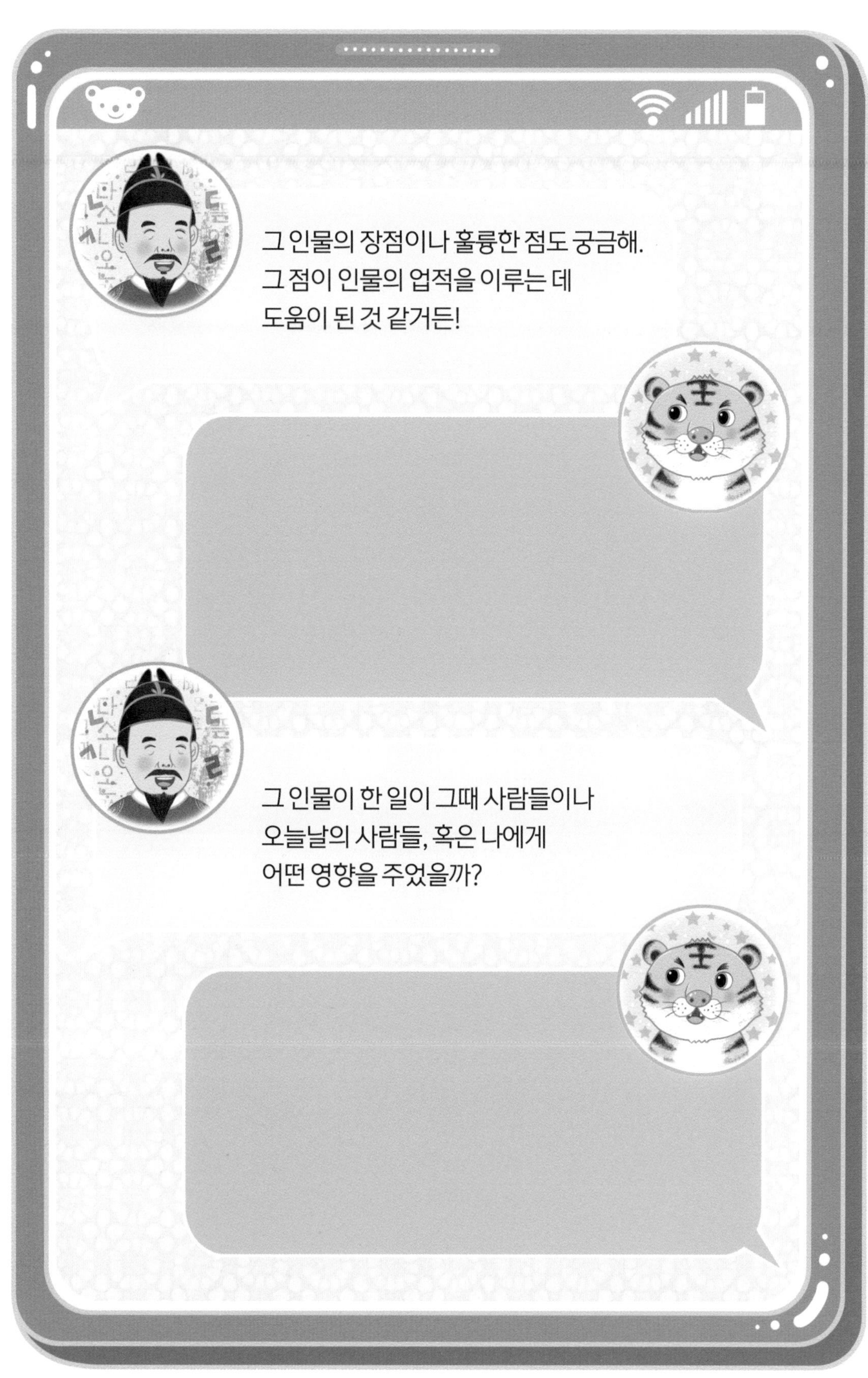
그 인물의 장점이나 훌륭한 점도 궁금해.
그 점이 인물의 업적을 이루는 데
도움이 된 것 같거든!
그 인물이 한 일이 그때 사람들이나
오늘날의 사람들, 혹은 나에게
어떤 영향을 주었을까?

가장 마음에 남는 장면과
이유를 말해 줄래?

그 인물의 생애를 보고 너는 어떤 생각을 했는지,
궁금한 것은 없는지 말해 줘.

채팅으로 긴 독후감 쓰기

채팅으로 나눈 대화를 연결해서 독후감을 써 보세요! 활동 예시: 25쪽

책 제목					읽은 날	년 월 일			
독후감 제목									
별점	재미 ☆☆☆☆☆				의미 ☆☆☆☆☆				
미덕	지혜	인내	끈기	노력	열정	용서	배려	정직	사랑	용기

재잘재잘 채팅하며 글쓰기

재미도 체크

안녕? 나는 제인 구달이야!
설마 나를 모르지는 않겠지?
나하고 인물 이야기를 해 볼까?

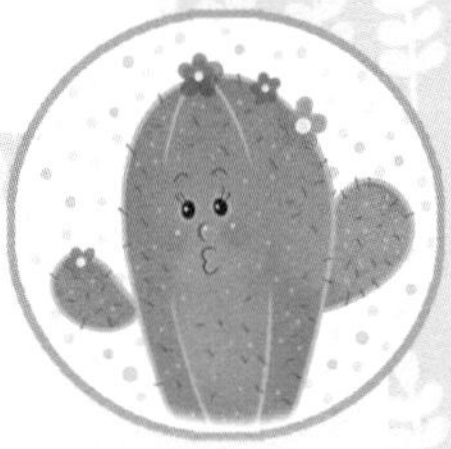

우와! 안녕하세요?
저도 제가 읽은 책 이야기를 들려드리고 싶어요.

그렇구나. 반가운 이야기야!
인물 이름과 태어난 때, 태어난 곳, 그리고
그 사람의 대표적인 업적을 간단히 알려 줘.

인상 깊게 읽은 책을 골라 제인 구달과 채팅을 해 보세요.
질문에 답을 할 땐 책을 다시 살펴봐도 되고, 답하기 어려운 질문이 있다면 1~2개는 건너뛰어도 좋습니다. 활동 예시: 20쪽

짜릿한 맛

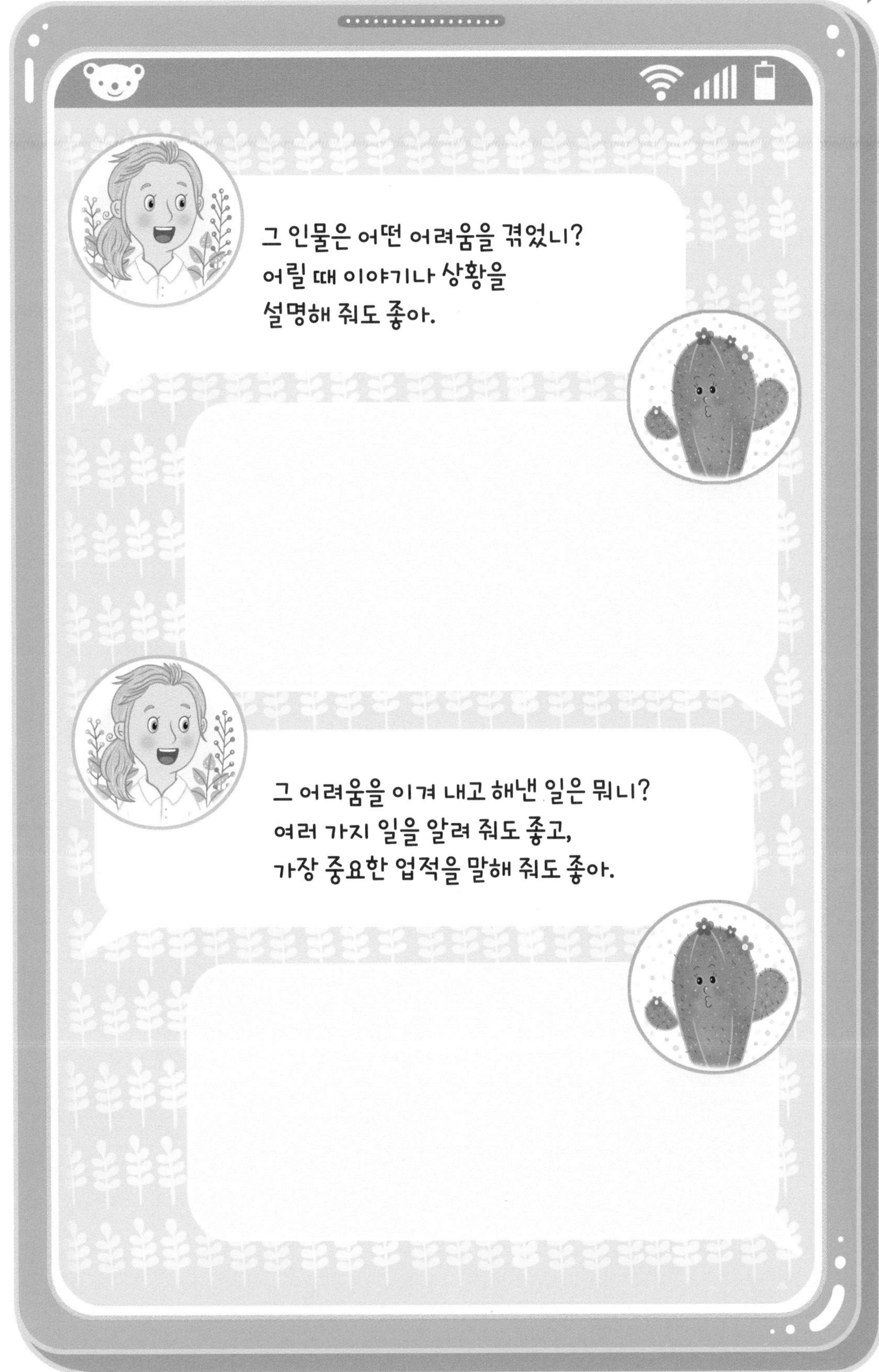

인물책
활동 5-1

그 일을 해낼 때 방해가 된 사람이나
상황이 있다면 설명해 줘.

도움이 된 사람이 어떻게 도와주었는지도 알려 줘.

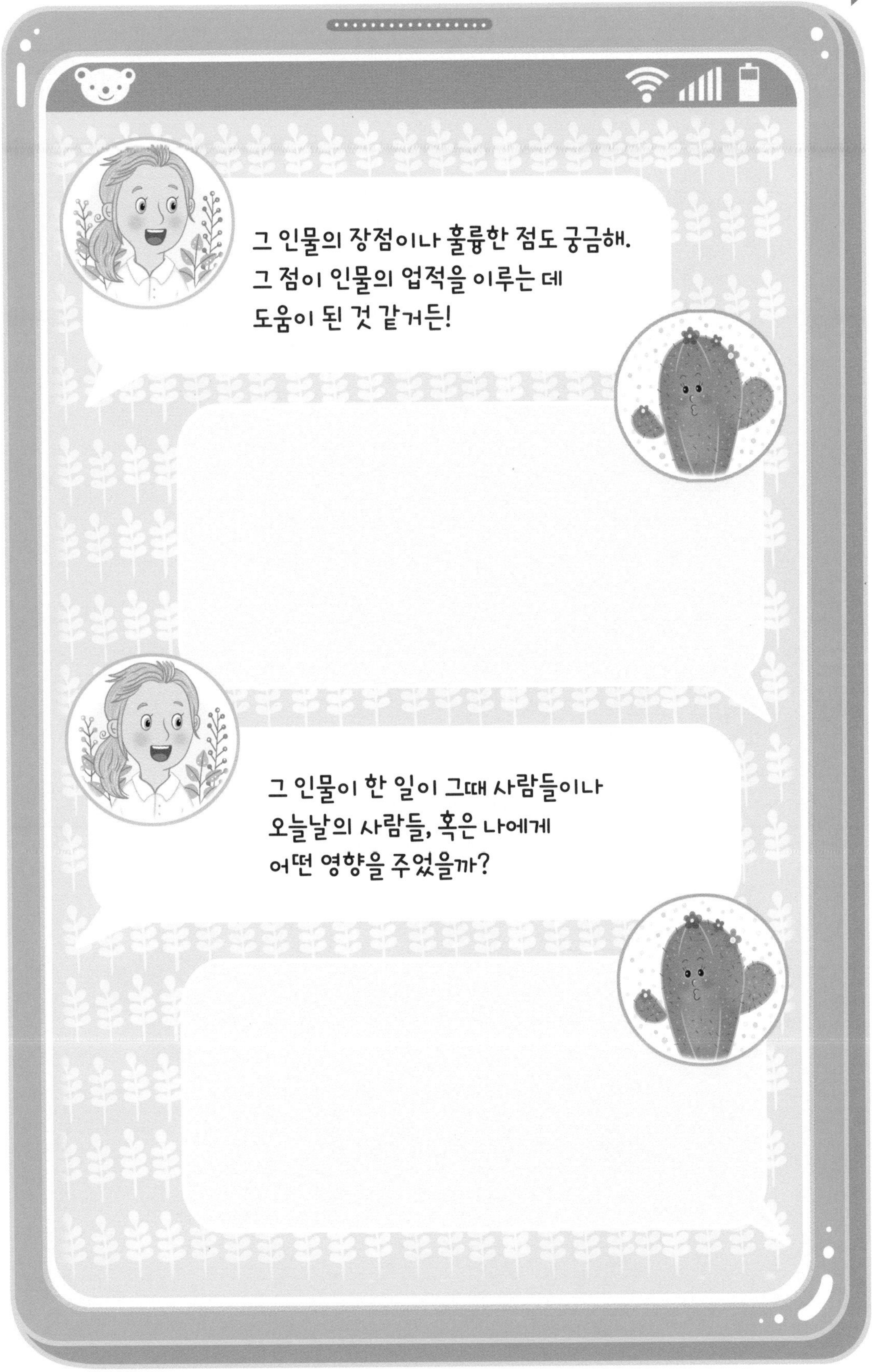

짜릿한 맛

그 인물의 장점이나 훌륭한 점도 궁금해.
그 점이 인물의 업적을 이루는 데
도움이 된 것 같거든!

그 인물이 한 일이 그때 사람들이나
오늘날의 사람들, 혹은 나에게
어떤 영향을 주었을까?

가장 마음에 남는 장면과
이유를 말해 줄래?

그 인물의 생애를 보고 너는 어떤 생각을 했는지,
궁금한 것은 없는지 말해 줘.

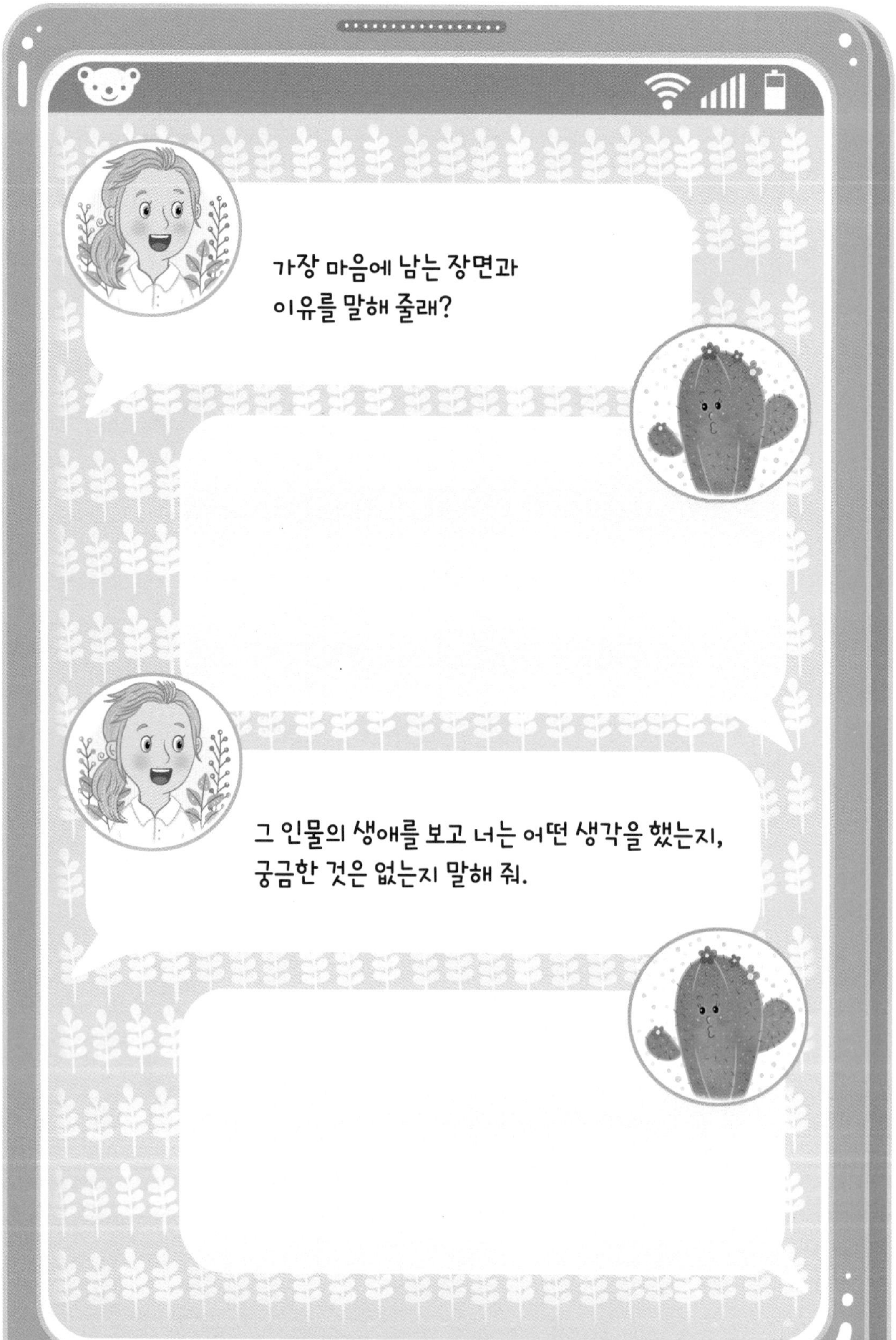

채팅으로 긴 독후감 쓰기

짜릿한 맛

채팅으로 나눈 대화를 연결해서 독후감을 써 보세요! 활동 예시: 25쪽

책 제목					읽은 날	년 월 일			
독후감 제목									
별점	재미 ☆☆☆☆☆				의미 ☆☆☆☆☆				
미덕	지혜	인내	끈기	노력	열정	용서	배려	정직	사랑	용기

재잘재잘 채팅하며 글쓰기

재미도 체크	☆ ☆ ☆ ☆ ☆

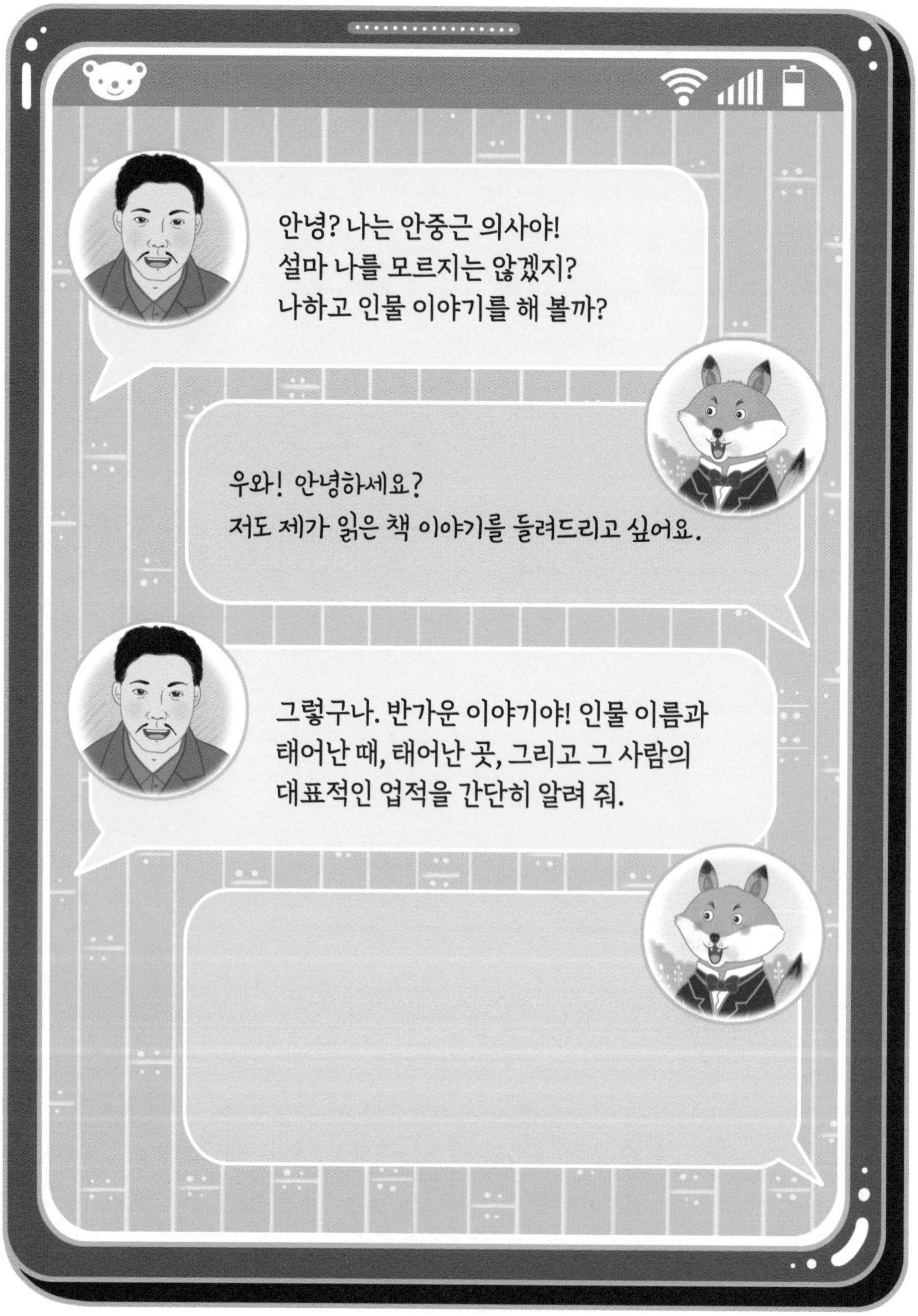

안녕? 나는 안중근 의사야!
설마 나를 모르지는 않겠지?
나하고 인물 이야기를 해 볼까?

우와! 안녕하세요?
저도 제가 읽은 책 이야기를 들려드리고 싶어요.

그렇구나. 반가운 이야기야! 인물 이름과
태어난 때, 태어난 곳, 그리고 그 사람의
대표적인 업적을 간단히 알려 줘.

인상 깊게 읽은 책을 골라 안중근 의사와 채팅을 해 보세요.
질문에 답을 할 땐 책을 다시 살펴봐도 되고, 답하기 어려운 질문이 있다면 1~2개는 건너뛰어도 좋습니다. 활동 예시: 20쪽

짜릿한 맛

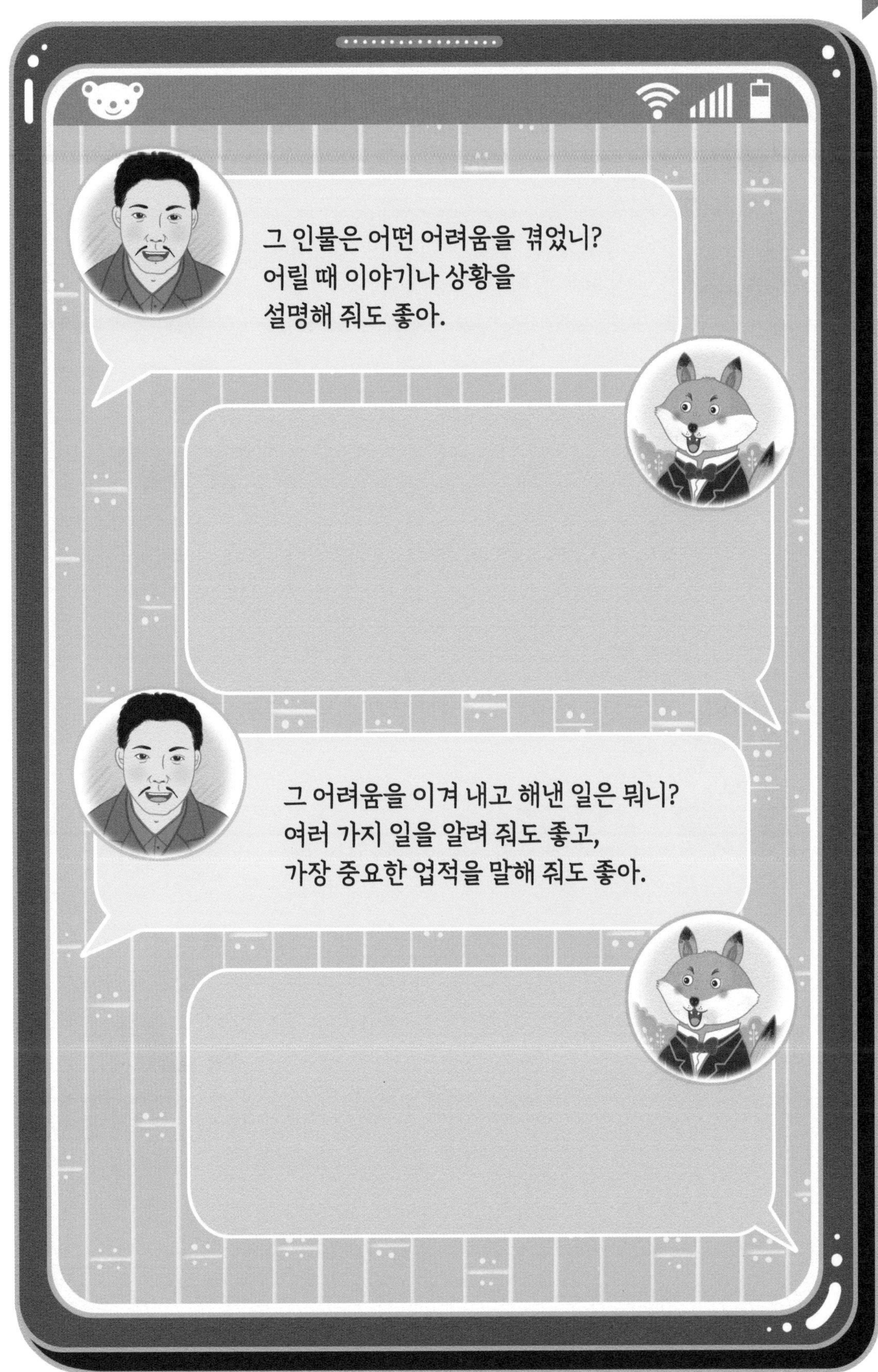

그 일을 해낼 때 방해가 된 사람이나
상황이 있다면 설명해 줘.

도움이 된 사람이
어떻게 도와주었는지도 알려 줘.

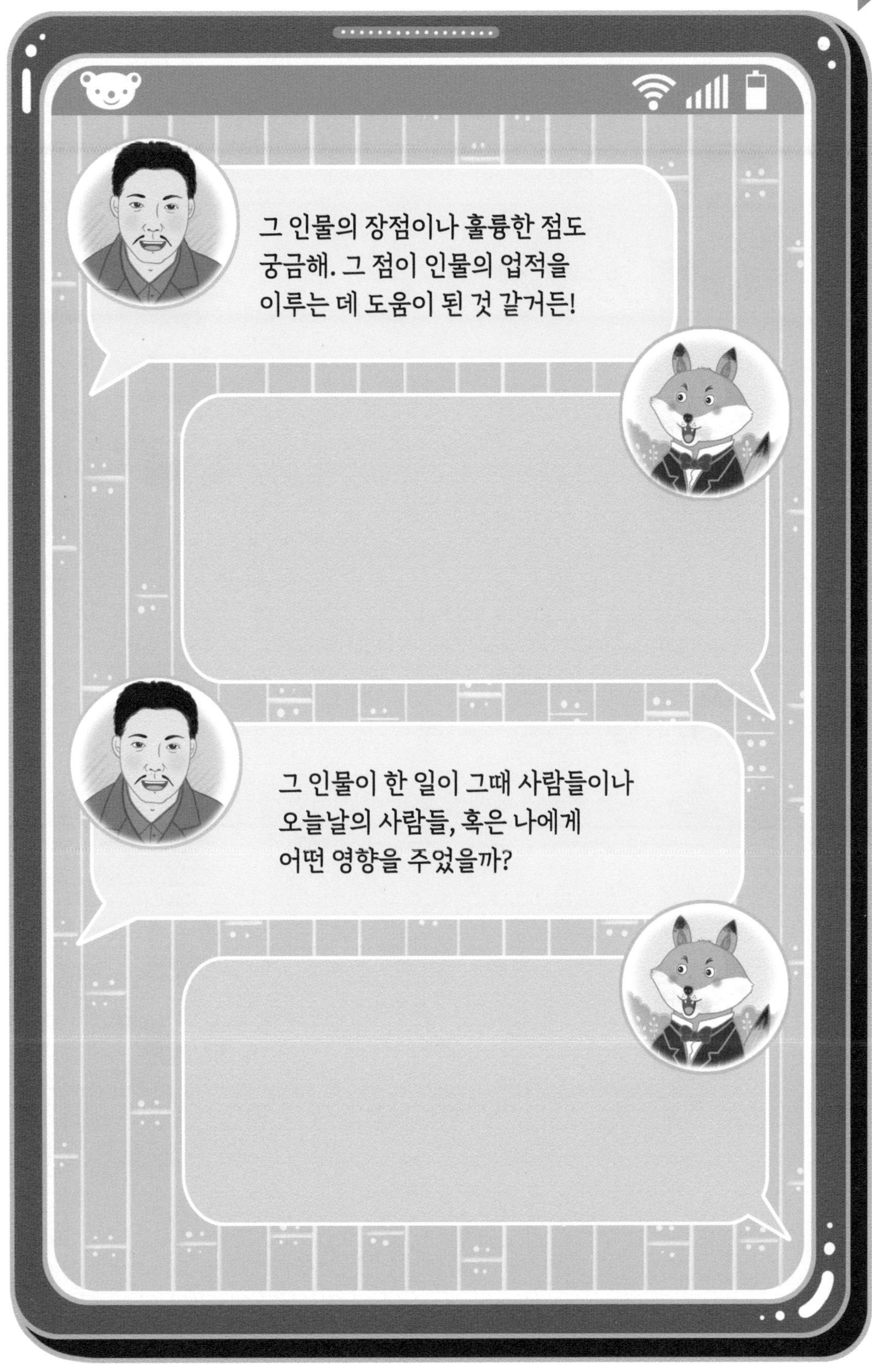
그 인물의 장점이나 훌륭한 점도
궁금해. 그 점이 인물의 업적을
이루는 데 도움이 된 것 같거든!
그 인물이 한 일이 그때 사람들이나
오늘날의 사람들, 혹은 나에게
어떤 영향을 주었을까?

가장 마음에 남는 장면과
이유를 말해 줄래?

그 인물의 생애를 보고 너는 어떤 생각을
했는지, 궁금한 것은 없는지 말해 줘.

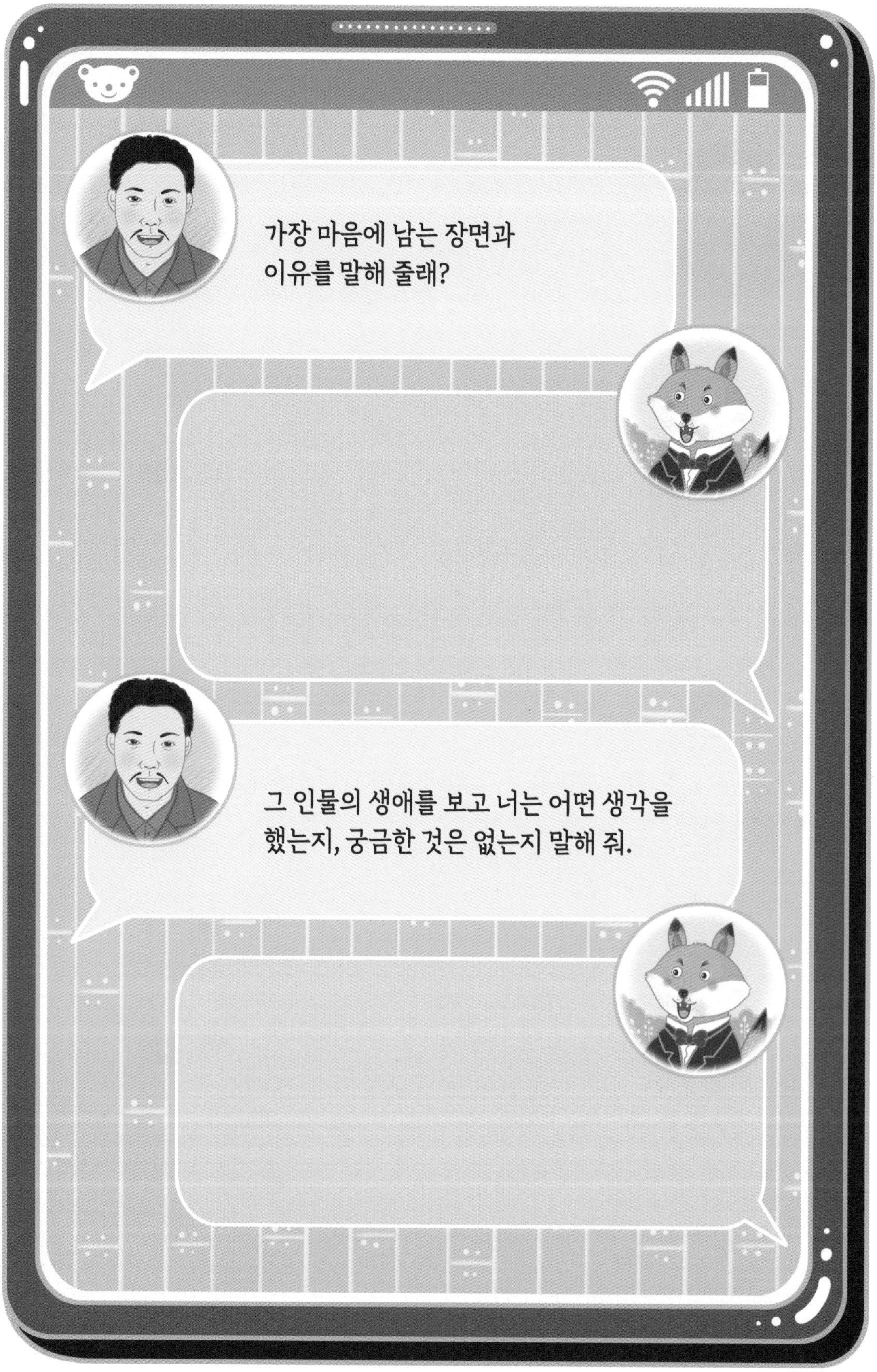

채팅으로 긴 독후감 쓰기

채팅으로 나눈 대화를 연결해서 독후감을 써 보세요! 활동 예시: 25쪽

책 제목						읽은 날		년 월 일	
독후감 제목									
별점	재미 ☆☆☆☆☆				의미 ☆☆☆☆☆				
미덕	지혜	인내	끈기	노력	열정	용서	배려	정직	사랑	용기

Part

3

경제책을 읽고 독후감을 써요!

경제책이란?

경제책은 우리 사회를 구성하는 여러 가지 요소 중에서 경제에 초점을 맞춰 경제 지식이나 상식, 현상, 사회 문제 등을 담은 책이에요.

작가는 책을 쓴 이유와 여러분이 경제에 대해 무엇을 알기를 바라는지 서문에서 밝히고 있어요. 그러니 경제책은 서문부터 읽으며 다양한 경제 상식과 지식을 얻고, 경제 관념을 잘 키워 지혜로운 어린이가 되었으면 좋겠어요.

경제책 읽는 법

경제책을 읽을 때는 어떻게 읽어야 할까요?

❶ 이 책이 무엇을 알려 주는 책인지, 저자가 이 책을 왜 썼는지 목차와 서문을 꼭 읽어요.
❷ 이 책만의 특징을 생각하며 읽어요.
❸ 알게 된 경제 지식과 관련된 경험, 실천하고 싶은 것을 생각하며 읽어요.
❹ 내 주변 사람에게 알려 주고 싶은 내용이 있는지 살피며 읽어요.
❺ 이 책을 통해 바뀌게 된 생각이 있는지, 더 알고 싶은 경제 지식은 무엇인지, 어떻게 알아볼 수 있는지 생각하며 읽어요!

독후감 쓰기 좋은 경제책

아래 책을 읽고 독후감을 써 보세요. 꼭 자기 학년 책을 고르지 않아도 괜찮아요. 읽을 수 있는 책, 나의 마음에 울림을 준 책을 고르는 것이 더 중요하니까요. 여러분이 읽었던 책으로 써도 좋답니다.

단계			
1단계			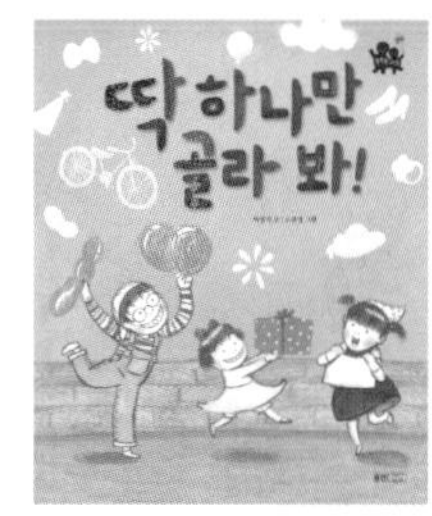
	100원이 작다고? (강민경 글, 서현 그림, 창비)	돈, 돈, 돈이 궁금해 (은예숙 글, 김고은 그림, 웅진주니어)	딱 하나만 골라 봐! (박영석 글, 소윤경 그림, 웅진주니어)
2단계			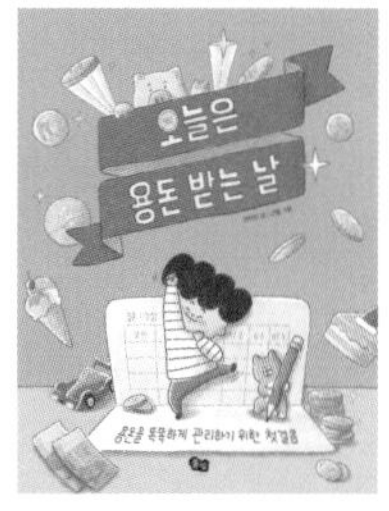
	알뜰살뜰! 우리 집 경제 대장 나백원이 간다! (박민선 글, 김민준 그림, 가나출판사)	오늘도 나는 마트간다 (박신식 글, 김미은 그림, 예림당)	오늘은 용돈 받는 날 (연유진 글, 간장 그림, 풀빛)
3단계			
	세금 내는 아이들 (옥효진 글, 김미연 그림, 한국경제신문)	1+1이 공짜가 아니라고? (이정주 글, 강은옥 그림, 개암나무)	열두 살에 부자가 된 키라 (보도 섀퍼 글, 원유미 그림, 을파소)

내가 읽은 책 제목 쓰기

1단계 추천 도서를 읽거나 읽어 본 경제책의 제목을 아래에 써 보세요!

활동 예시: 14쪽

내가 읽은 책 제목 쓰기

2단계 추천 도서를 읽거나 읽어 본 경제책의 제목을 아래에 써 보세요!

활동 예시: 14쪽

내가 읽은 책 제목 쓰기

3단계 추천 도서를 읽거나 읽어 본 경제책의 제목을 아래에 써 보세요!

활동 예시: 14쪽

말하기 카드로 놀며 말하기!

경제책을 읽고 나서 말하기 카드를 활용해 책 내용을 정리해 보세요!

활동 예시: 15쪽

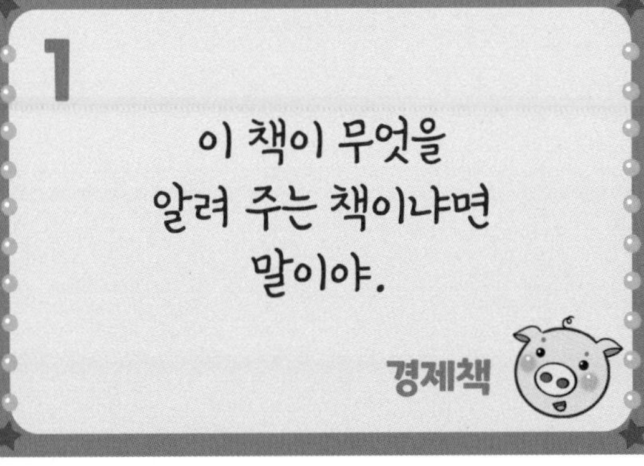

2
이 책은 이런 특징이
있는 것 같아.
경제책

3
이 책을 읽고
처음 알게 된
경제 지식이 있어.
경제책

4
이 책을 읽고
생각나는 비슷한
경험이 있어.
경제책

5
경제 지식을 배웠으니
실천해 보고 싶은 게
있어.
경제책

6
내 주변 사람에게
알려 주고 싶은
내용이 있어.
경제책

7
이 책을 통해
바뀌게 된 생각이 있어.
경제책

8
이 책을 읽으니까
궁금한 게 생겼어.
경제책

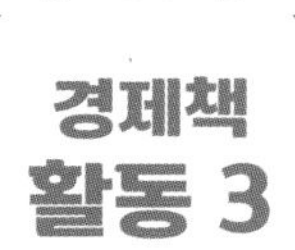

알쏭달쏭 괄호 채우며 쓰기

아래 내용을 잘 읽어 보고, 괄호 안에 어울리는 내용을 생각해서 채워 보세요. 활동 예시: 16쪽

책 제목		읽은 날	년 월 일

독후감 제목			
경제 관심도 체크	경제에 관심이 생김	보통임	관심이 생기지 않음

오늘 내가 읽은 책은 (______________________)이다.

이 책에서 배운 경제 지식은 (______________________

______________________)이다.

이 책을 읽고, 나의 (______________________

______________________) 경험이 떠올랐다.

그래서 나는 앞으로 (______________________

____

______________________) 할 것이다.

알쏭달쏭 괄호 채우며 쓰기

아래 내용을 잘 읽어 보고, 괄호 안에 어울리는 내용을 생각해서 채워 보세요. 활동 예시: 16쪽

책 제목		읽은 날	년 월 일
독후감 제목			
경제 관심도 체크	경제에 관심이 생김	보통임	관심이 생기지 않음

오늘 내가 읽은 책은 ( )이다.

이 책에서 배운 경제 지식은 ( )이다.

이 책을 읽고, 나의 ( ) 경험이 떠올랐다.

그래서 나는 앞으로 ( ) 할 것이다.

경제책 활동 3

알쏭달쏭 괄호 채우며 쓰기

아래 내용을 잘 읽어 보고, 괄호 안에 어울리는 내용을 생각해서 채워 보세요. 활동 예시: 16쪽

책 제목		읽은 날	년 월 일
독후감 제목			
경제 관심도 체크	경제에 관심이 생김	보통임	관심이 생기지 않음

오늘 내가 읽은 책은 ( )이다.

이 책에서 배운 경제 지식은 ( )이다.

이 책을 읽고, 나의 ( ) 경험이 떠올랐다.

그래서 나는 앞으로 ( ) 할 것이다.

재미있는 다섯 손가락 쓰기

달콤한 맛

읽은 책 중에 재미있었거나 마음에 남는 책을 고르고, 다섯 손가락에 답변을 써 보세요. 활동 예시: 18쪽

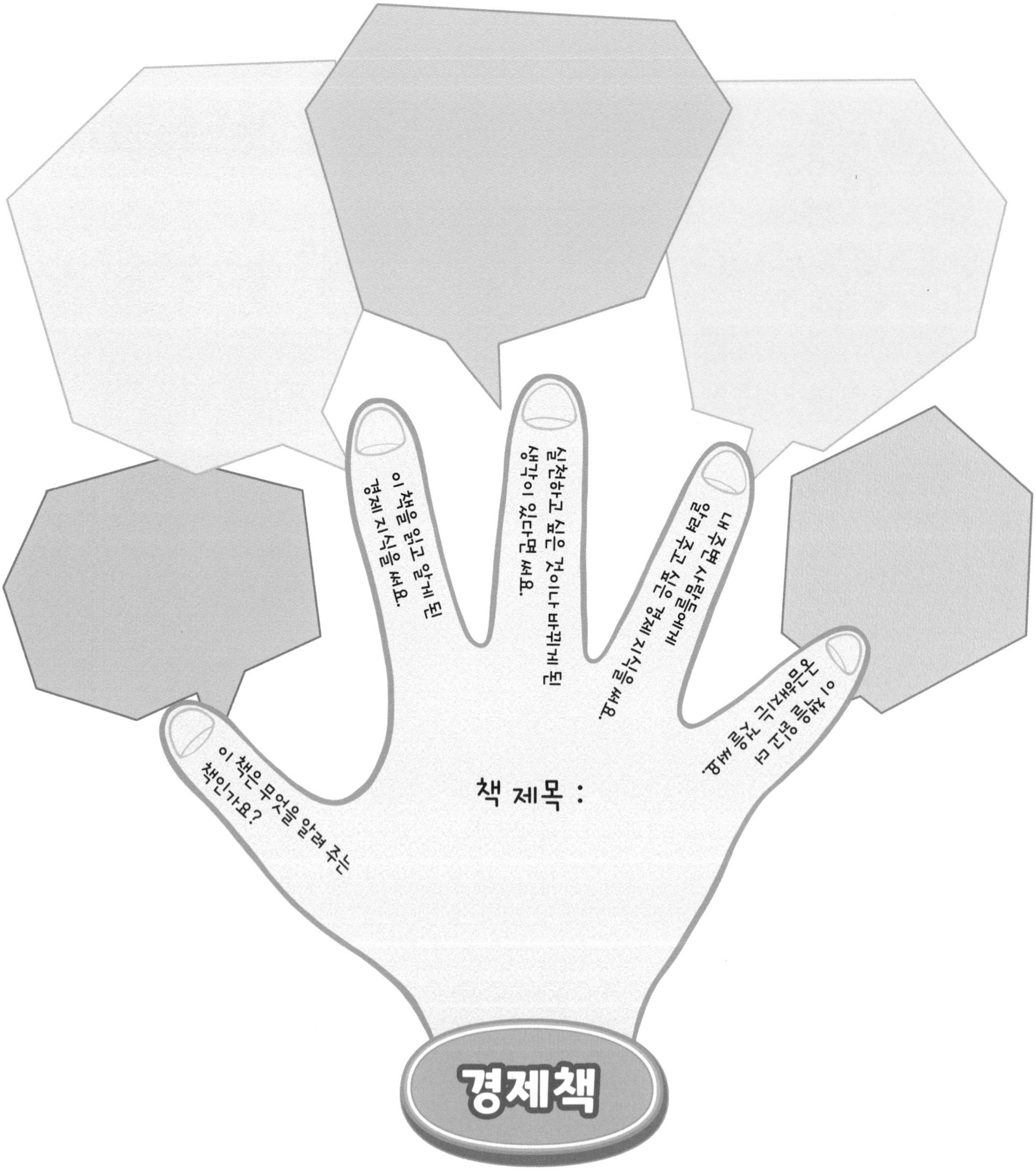

다섯 손가락 짧은 독후감 쓰기

달콤한 맛

다섯 손가락 질문에 쓴 답변을 정리하여 독후감을 써 보세요.

활동 예시: 19쪽

책 제목		읽은 날	년 월 일
독후감 제목			
경제 관심도 체크	경제에 관심이 생김	보통임	관심이 생기지 않음

재미있는 다섯 손가락 쓰기

읽은 책 중에 재미있었거나 마음에 남는 책을 고르고, 다섯 손가락에 답변을 써 보세요. 활동 예시: 18쪽

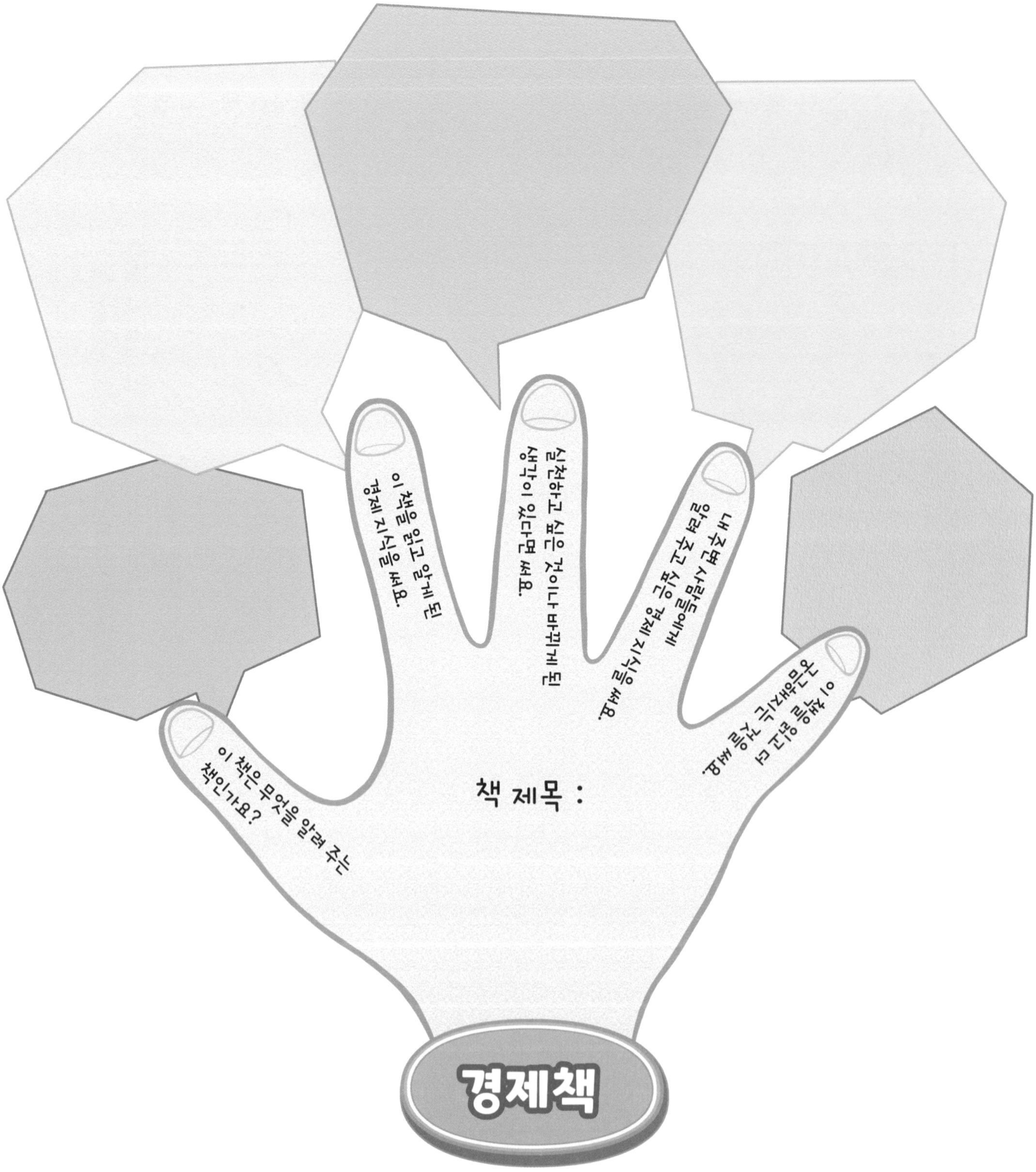

이 책은 무엇을 알려 주는 책인가요?

이 책을 읽고 알게 된 경제 지식을 써요.

실천하고 싶은 것이나 바뀌게 된 생각이 있다면 써요.

내 주변 사람들에게 알려 주고 싶은 경제 지식을 써요.

이 책을 읽고 더 궁금해진 점을 써요.

책 제목 :

경제책

다섯 손가락 짧은 독후감 쓰기

다섯 손가락 질문에 쓴 답변을 정리하여 독후감을 써 보세요.

활동 예시: 19쪽

책 제목		읽은 날	년 월 일
독후감 제목			
경제 관심도 체크	경제에 관심이 생김	보통임	관심이 생기지 않음

재미있는 다섯 손가락 쓰기

달콤한 맛

읽은 책 중에 재미있었거나 마음에 남는 책을 고르고, 다섯 손가락에 답변을 써 보세요. 활동 예시: 18쪽

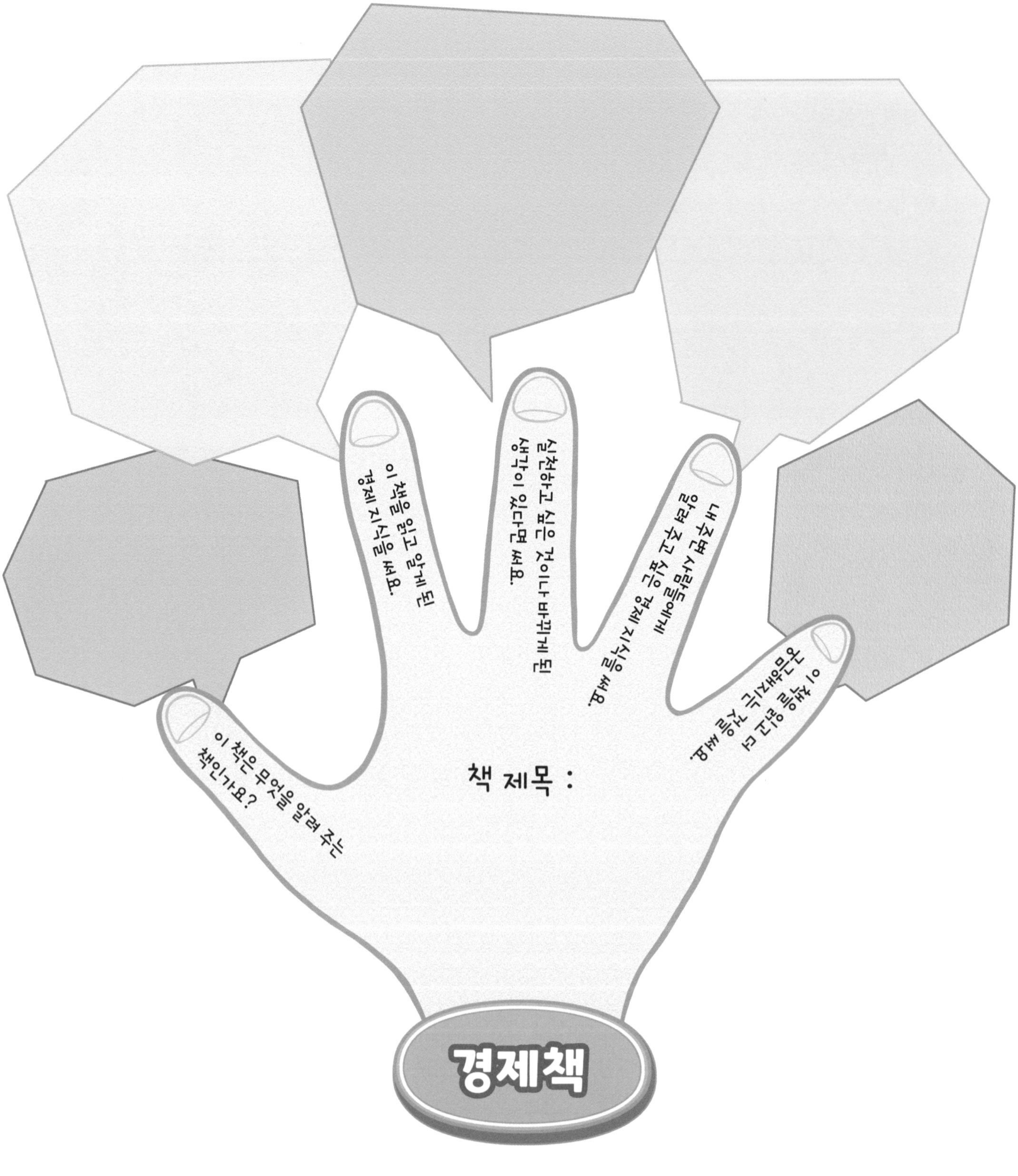

이 책은 무엇을 알려 주는 책인가요?

이 책을 읽고 알게 된 경제 지식을 써요.

실천하고 싶은 것이나 바뀌게 된 생각이 있다면 써요.

내 주변 사람들에게 알려 주고 싶은 경제 지식을 써요.

이 책을 읽고 더 궁금해진 것을 써요.

책 제목 :

경제책

다섯 손가락 짧은 독후감 쓰기

다섯 손가락 질문에 쓴 답변을 정리하여 독후감을 써 보세요.

활동 예시: 19쪽

책 제목		읽은 날	년 월 일
독후감 제목			
경제 관심도 체크	경제에 관심이 생김	보통임	관심이 생기지 않음

재잘재잘 채팅하며 글쓰기

재미도 체크	☆ ☆ ☆ ☆ ☆

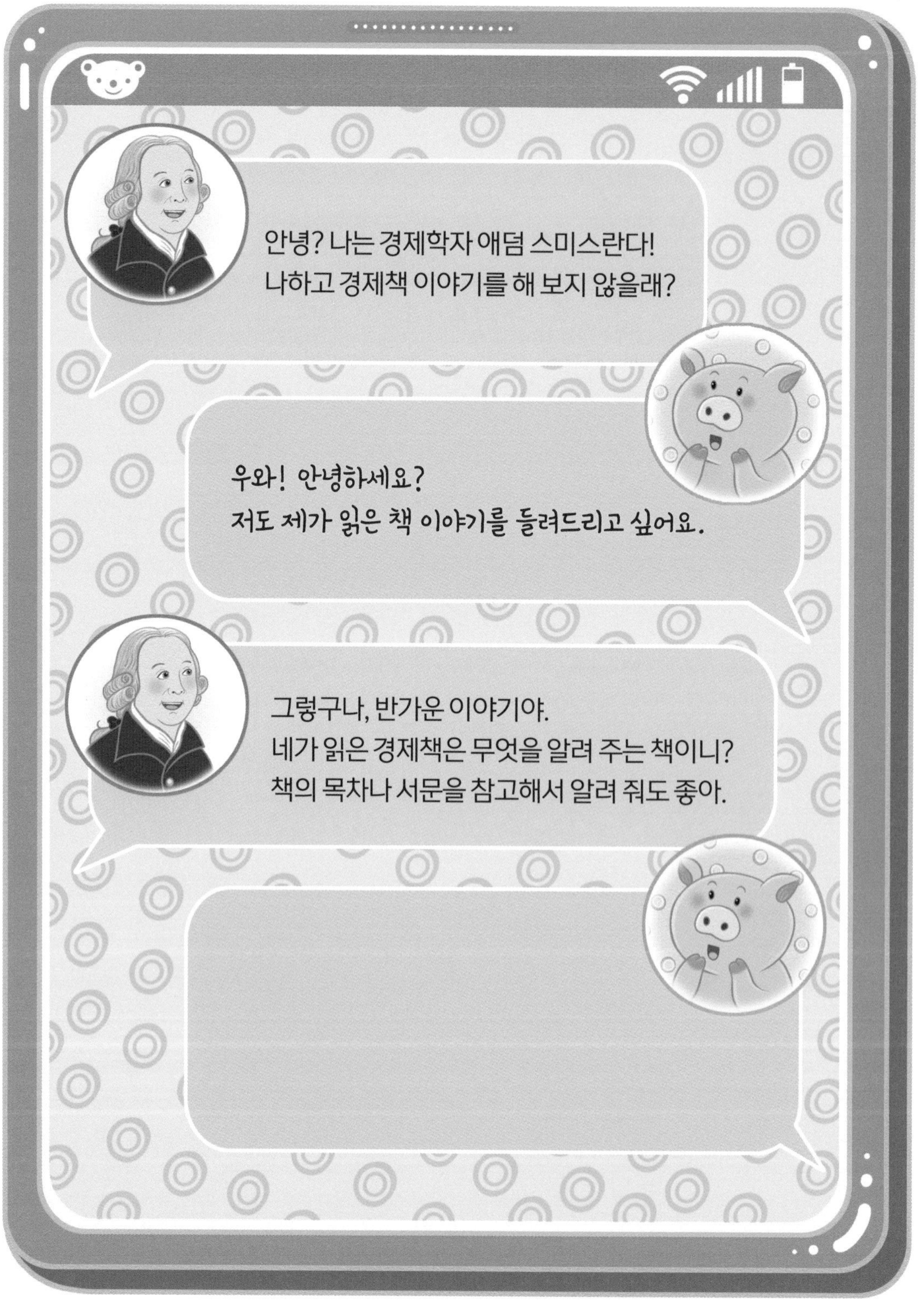

안녕? 나는 경제학자 애덤 스미스란다!
나하고 경제책 이야기를 해 보지 않을래?

우와! 안녕하세요?
저도 제가 읽은 책 이야기를 들려드리고 싶어요.

그렇구나, 반가운 이야기야.
네가 읽은 경제책은 무엇을 알려 주는 책이니?
책의 목차나 서문을 참고해서 알려 줘도 좋아.

인상 깊게 읽은 책을 골라 애덤 스미스와 채팅을 해 보세요.
질문에 답을 할 땐 책을 다시 살펴봐도 되고, 답하기 어려운 질문이 있다면 1~2개는 건너뛰어도 좋습니다. 활동 예시: 20쪽

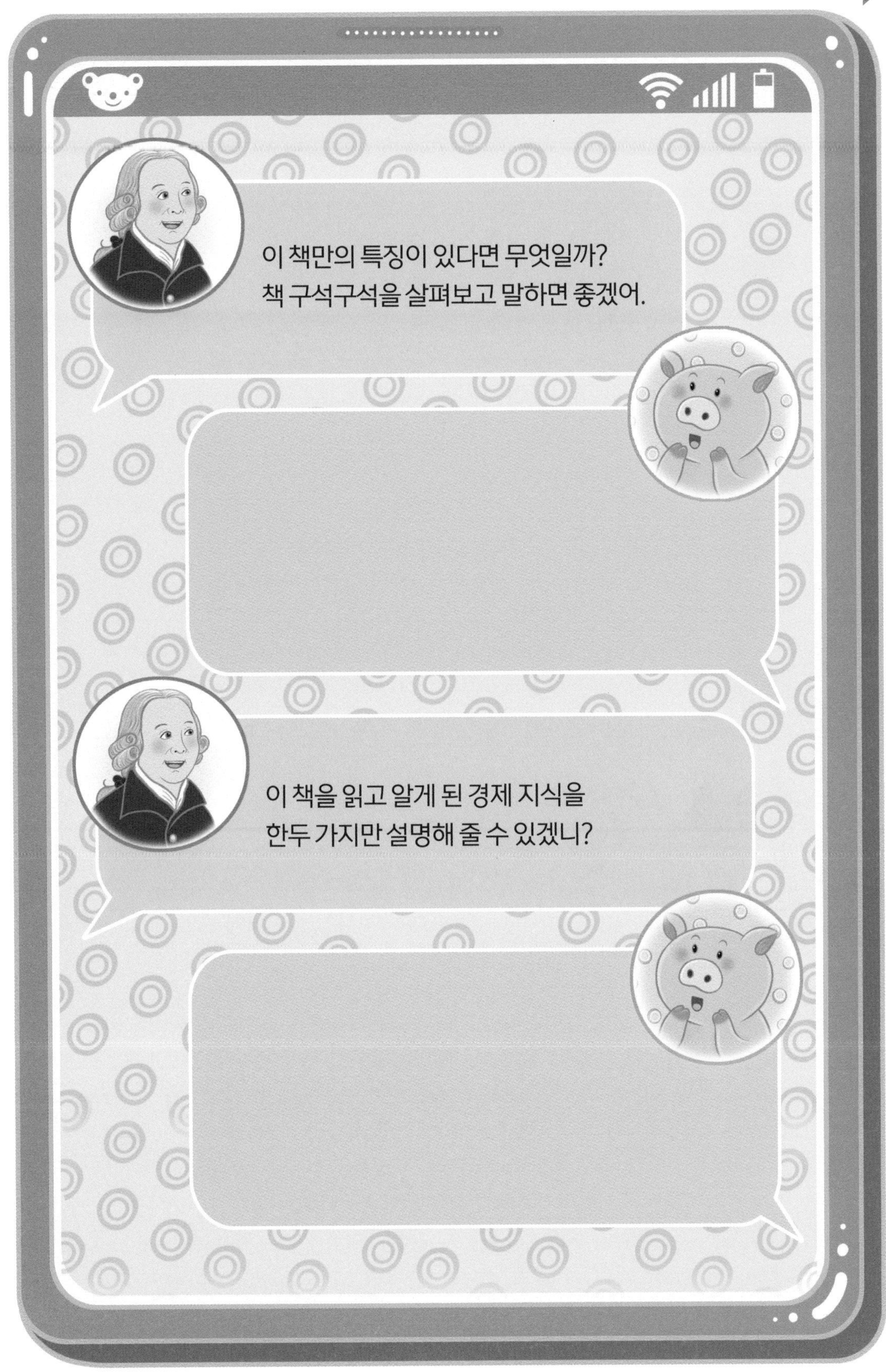

책 내용과 관련 있는 경험이나
책을 읽고 나서 실천해야겠다고
다짐한 내용을 알려 줘.

책의 내용 중 네 주변 사람들에게
알려 주고 싶은 것을 설명해 줄래?

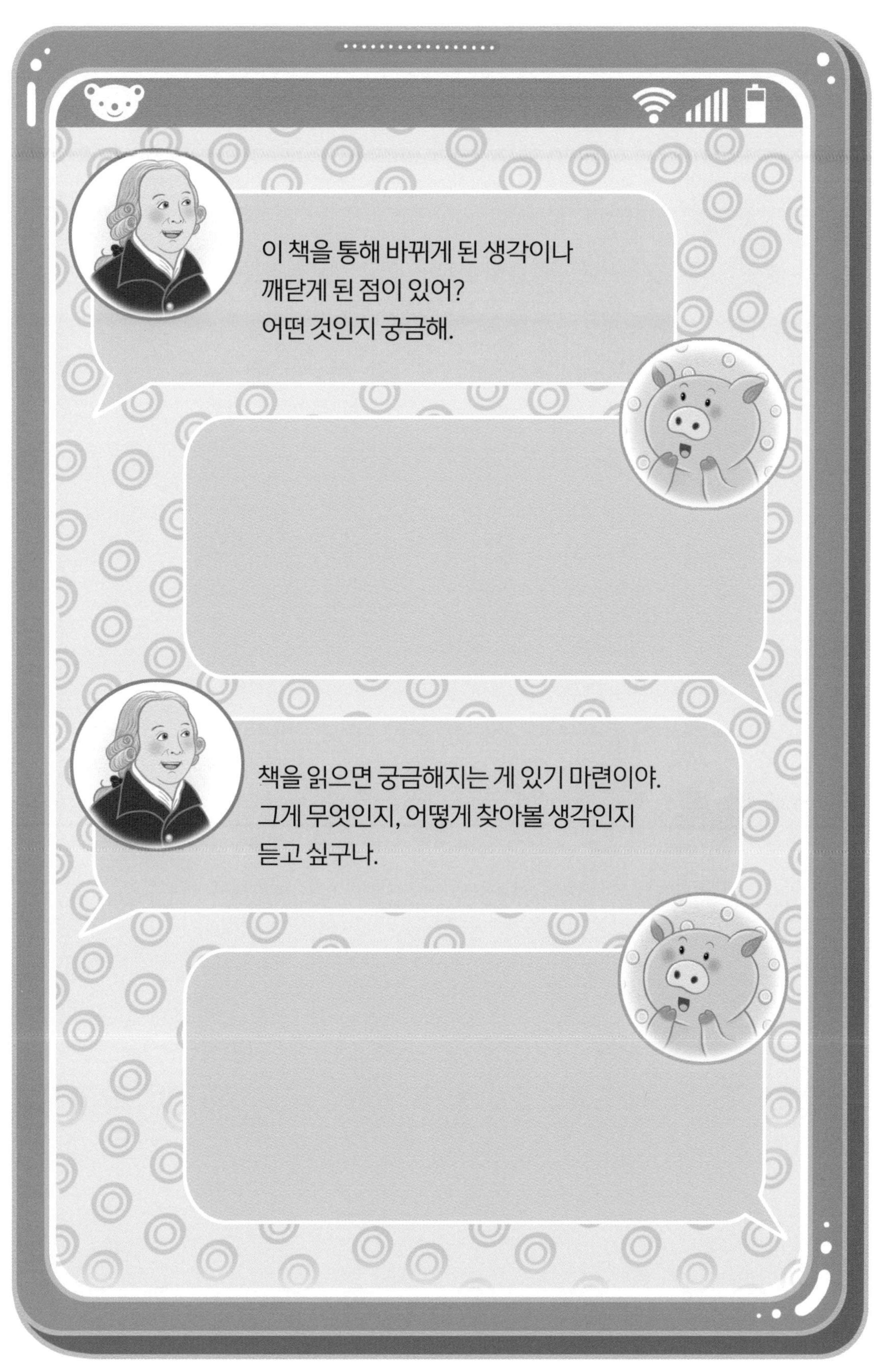
이 책을 통해 바뀌게 된 생각이나
깨닫게 된 점이 있어?
어떤 것인지 궁금해.
책을 읽으면 궁금해지는 게 있기 마련이야.
그게 무엇인지, 어떻게 찾아볼 생각인지
듣고 싶구나.

지금까지 말해 준 내용 말고 인상 깊었던 내용이나 하고 싶은 말을 해 주렴.

이 책을 추천해 주고 싶은 사람이 있니? 추천해 주고 싶은 이유도 함께 말해 주렴!

채팅으로 긴 독후감 쓰기

채팅로 나눈 대화를 연결해서 독후감을 써 보세요! 활동 예시: 25쪽

책 제목		읽은 날	년 월 일
독후감 제목			
경제 관심도 체크	경제에 관심이 생김	보통임	관심이 생기지 않음

재잘재잘 채팅하며 글쓰기

재미도 체크	☆ ☆ ☆ ☆ ☆

안녕? 나는 애플 CEO였던
스티브 잡스야! 나하고 경제책 이야기를
해 보지 않을래?

우와! 안녕하세요?
저도 제가 읽은 책 이야기를 들려드리고 싶어요.

그렇구나, 반가운 이야기야. 네가 읽은
경제책은 무엇을 알려 주는 책이니? 책의
목차나 서문을 참고해서 알려 줘도 좋아.

인상 깊게 읽은 책을 골라 스티브 잡스와 채팅을 해 보세요.
질문에 답을 할 땐 책을 다시 살펴봐도 되고, 답하기 어려운 질문이 있다면 1~2개는 건너뛰어도 좋습니다. 활동 예시: 20쪽

책 내용과 관련 있는 경험이나
책을 읽고 나서 실천해야겠다고
다짐한 내용을 알려 줘.

책의 내용 중 네 주변 사람들에게
알려 주고 싶은 것을 설명해 줄래?

이 책을 통해 바뀌게 된 생각이나
깨닫게 된 점이 있어?
어떤 것인지 궁금해.

책을 읽으면 궁금해지는 게 있기
마련이야. 그게 무엇인지, 어떻게 찾아볼
생각인지 듣고 싶구나.

지금까지 말해 준 내용 말고
인상 깊었던 내용이나
하고 싶은 말을 해 주렴.

이 책을 추천해 주고 싶은 사람이 있니?
추천해 주고 싶은 이유도 함께 말해 주렴!

채팅으로 긴 독후감 쓰기

채팅으로 나눈 대화를 연결해서 독후감을 써 보세요! 활동 예시: 25쪽

책 제목		읽은 날	년 월 일
독후김 제목			
경제 관심도 체크	경제에 관심이 생김	보통임	관심이 생기지 않음

재잘재잘 채팅하며 글쓰기

재미도 체크	☆ ☆ ☆ ☆ ☆

안녕? 나는 AMD CEO인 리사 수야!
나하고 경제책 이야기를
해 보지 않을래?

우와! 안녕하세요?
저도 제가 읽은 책 이야기를 들려드리고 싶어요.

그렇구나, 반가운 이야기야. 네가 읽은 경제책은
무엇을 알려 주는 책이니? 책의 목차나 서문을
참고해서 알려 줘도 좋아.

인상 깊게 읽은 책을 골라 리사 수와 채팅을 해 보세요.
질문에 답을 할 땐 책을 다시 살펴봐도 되고, 답하기 어려운 질문이 있다면 1~2개는 건너뛰어도 좋습니다. 활동 예시: 20쪽

짜릿한 맛

책 내용과 관련 있는 경험이나
책을 읽고 나서 실천해야겠다고
다짐한 내용을 알려 줘.

책의 내용 중 네 주변 사람들에게
알려 주고 싶은 것을 설명해 줄래?

짜릿한 맛

이 책을 통해 바뀌게 된 생각이나
깨닫게 된 점이 있어?
어떤 것인지 궁금해.

책을 읽으면 궁금해지는 게 있기
마련이야. 그게 무엇인지, 어떻게 찾아볼
생각인지 듣고 싶구나.

지금까지 말해 준 내용 말고
인상 깊었던 내용이나 하고 싶은
말을 해 주렴.

이 책을 추천해 주고 싶은 사람이 있니?
추천해 주고 싶은 이유도 함께 말해 주렴!

채팅으로 긴 독후감 쓰기

채팅으로 나눈 대화를 연결해서 독후감을 써 보세요! 활동 예시: 25쪽

책 제목		읽은 날	년 월 일
독후감 제목			
경제 관심도 체크	경제에 관심이 생김	보통임	관심이 생기지 않음

Part

4

과학책을 읽고 독후감을 써요!

과학책이란?

과학책은 이 세상의 현상과 동식물, 물건 등 궁금한 것을 알 수 있게 도와줘요. 과학책을 읽다 보면 궁금증이 풀리면서 속이 시원해지기도 하고요, 무언가를 알아 가는 행복감도 들어요.

이 세상 모든 것은 아는 만큼 사랑하게 되기 때문에 계속 읽다 보면 이 세상을 진지하게 보고 사랑하게 되지요. 내 주변의 것을 함부로 하지 않고 귀하게 여기는 마음도 가질 수 있어요. 그러다 보면 자기만의 생각과 방식으로 세상을 보고 판단할 줄 아는 지혜와 힘도 얻게 된답니다.

과학책 읽는 법

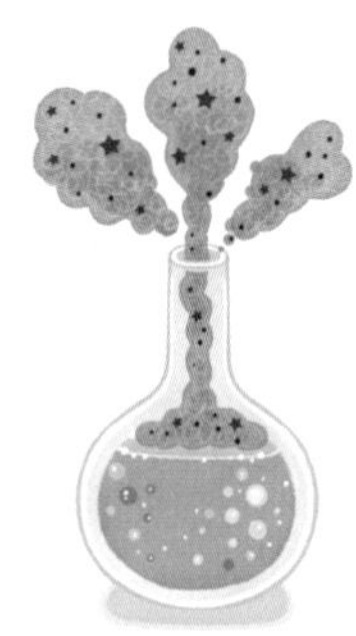

과학책을 읽을 때는 어떻게 읽어야 할까요?

❶ 이 책이 무엇을 알려 주는지, 어떤 특징이 있는지 살펴보며 읽어요.
❷ 새롭게 알게 된 것이나 신기하고 놀라운 내용은 무엇인지 생각하며 읽어요.
❸ 내 주변 사람들에게 알려 주고 싶은 지식은 무엇인지 찾아보며 읽어요.
❹ 책을 읽고 떠오르는 경험이나 해 보고 싶은 것이 있는지 생각하며 읽어요.
❺ 책을 읽기 전과 다르게 내 생각이 어떻게 바뀌었는지 생각하며 읽어요.
❻ 더 궁금한 것이나 알아보고 싶은 것을 생각하며 읽어요.
❼ 책에서 말하고자 하는 것이 무엇인지 생각하며 읽어요!

독후감 쓰기 좋은 과학책

아래 책을 읽고 독후감을 써 보세요. 꼭 자기 학년 책을 고르지 않아도 괜찮아요. 읽을 수 있는 책, 나의 마음에 울림을 준 책을 고르는 것이 더 중요하니까요. 여러분이 읽었던 책으로 써도 좋답니다.

1단계

물은 어디서 왔을까?
(신동경 글, 남주현 그림, 길벗어린이)

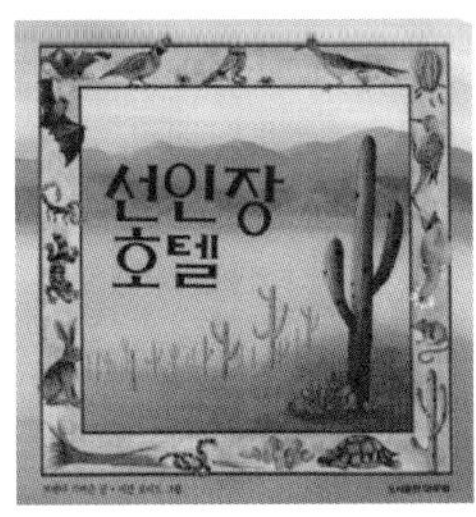

선인장 호텔
(브렌다 기버슨 글, 메건 로이드 그림, 마루벌)

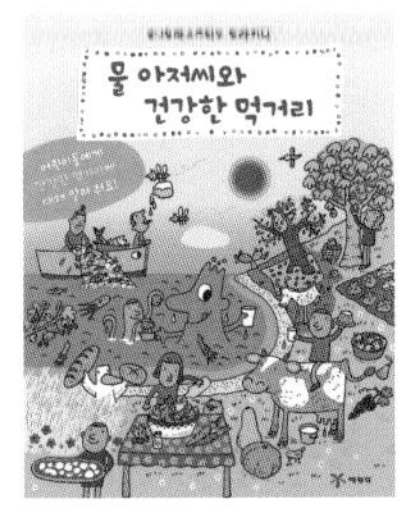

물 아저씨와 건강한 먹거리
(아고스티노 트라이니 글·그림, 예림당)

2단계

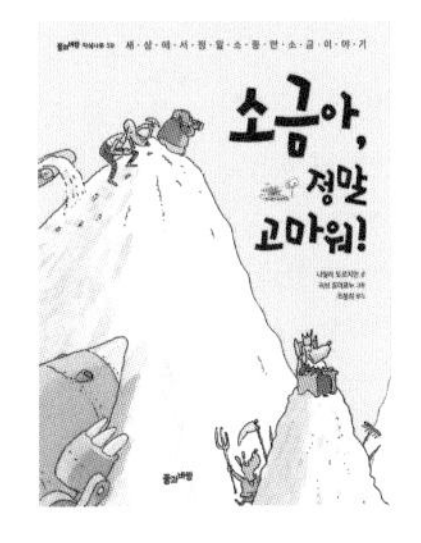

소금아, 정말 고마워!
(나탈리 토르지만 글, 이브 칼라르누 그림, 풀과바람)

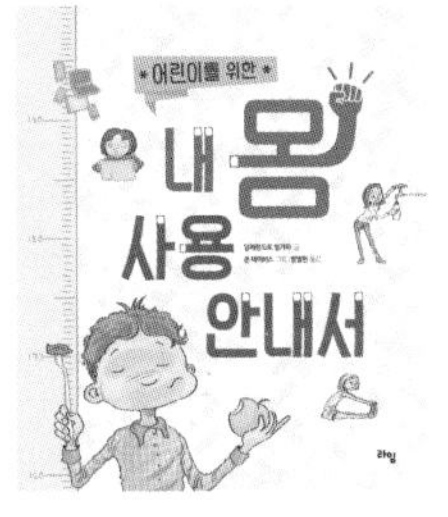

어린이를 위한 내 몸 사용 안내서
(알레한드로 알가라 글, 존 데이비스 그림, 라임)

퀴즈, 미세먼지!
(임정은 글, 이경석 그림, 초록개구리)

3단계

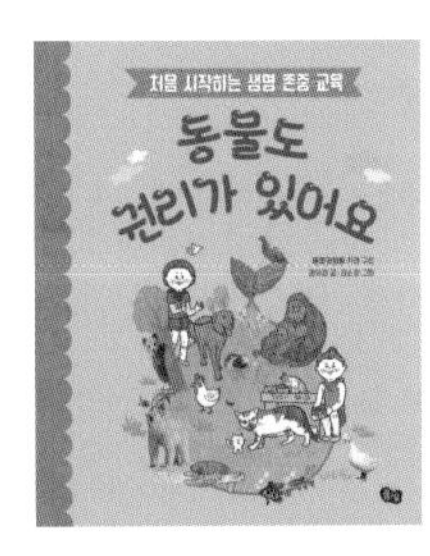

동물도 권리가 있어요
(동물권행동 카라 구성, 권유경 글, 김소희 그림, 풀빛)

라면을 먹으면 숲이 사라져
(최원형 글, 이시누 그림, 책읽는곰)

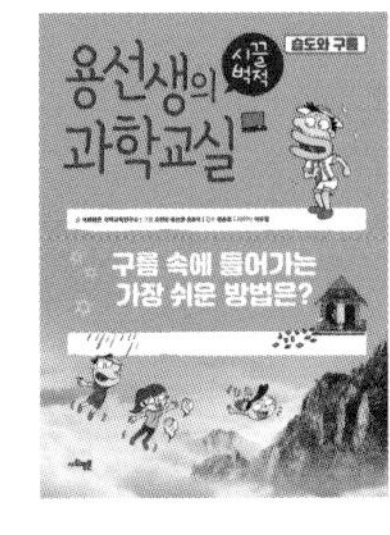

용선생의 시끌벅적 과학교실 7: 습도와 구름
(사회평론 과학교육연구소 글, 조현상 외 2명 그림, 사회평론)

내가 읽은 책 제목 쓰기

1단계 추천 도서를 읽거나 읽어 본 과학책의 제목을 아래에 써 보세요!

활동 예시: 14쪽

내가 읽은 책 제목 쓰기

2단계 추천 도서를 읽거나 읽어 본 과학책의 제목을 아래에 써 보세요!

활동 예시: 14쪽

내가 읽은 책 제목 쓰기

3단계 추천 도서를 읽거나 읽어 본 과학책의 제목을 아래에 써 보세요!

활동 예시: 14쪽

말하기 카드로 놀며 말하기!

과학책을 읽고 나서 말하기 카드를 활용해 책 내용을 정리해 보세요!

활동 예시: 15쪽

1

이 책이 어떤 책이냐면 말이야.

과학책

2

이 책 내용 중 이미 알고 있던 내용이 있어!

과학책

3

내가 모르던 신기하고 놀라운 내용이 있어.

과학책

4

내 주변 사람에게 알려 주고 싶은 내용이 있어!

과학책

5

생각나는 경험이나 해 보고 싶은 것이 있어!

과학책

6

이 책을 읽고 바뀐 생각이 있어!

과학책

7

더 궁금한 내용은 이렇게 찾아볼 거야!

과학책

8

이 책에서 중요한 건 결국 이것 같아!

과학책

알쏭달쏭 괄호 채우며 쓰기

아래 내용을 잘 읽어 보고, 괄호 안에 어울리는 내용을 생각해서 채워 보세요. 활동 예시: 16쪽

책 제목		읽은 날	년 월 일
독후감 제목			
난이도 체크	쉬워요	보통이에요	어려워요

오늘 내가 읽은 책은 ( )이다.

이 책에서 처음 알게 된 것 또는 신기한 것은 ( )이다.

그 내용을 보고 ( )라고 생각했다.

( )에게 알려 주고 싶은 내용도 있다. 이 내용을 알고 ( )가 ( ) 좋겠다.

마지막으로 이 책을 읽고 하고 싶은 말은 ( )이다.

알쏭달쏭 괄호 채우며 쓰기

아래 내용을 잘 읽어 보고, 괄호 안에 어울리는 내용을 생각해서 채워 보세요. 활동 예시: 16쪽

책 제목		읽은 날	년 월 일
독후감 제목			
난이도 체크	쉬워요	보통이에요	어려워요

오늘 내가 읽은 책은 (______________________)이다.

이 책에서 처음 알게 된 것 또는 신기한 것은 (______________________

______________________)이다.

그 내용을 보고 (______________________)라고 생각했다.

(______)에게 알려 주고 싶은 내용도 있다. 이 내용을 알고 (______)가

(______________________) 좋겠다.

마지막으로 이 책을 읽고 하고 싶은 말은 (______________________

______________________)이다.

알쏭달쏭 괄호 채우며 쓰기

아래 내용을 잘 읽어 보고, 괄호 안에 어울리는 내용을 생각해서 채워 보세요. 활동 예시: 16쪽

책 제목		읽은 날	년 월 일
독후감 제목			
난이도 체크	쉬워요	보통이에요	어려워요

오늘 내가 읽은 책은 (______________)이다.

이 책에서 처음 알게 된 것 또는 신기한 것은 (______________

______________)이다.

그 내용을 보고 (______________)라고 생각했다.

(______)에게 알려 주고 싶은 내용도 있다. 이 내용을 알고 (______)가

(______________) 좋겠다.

마지막으로 이 책을 읽고 하고 싶은 말은 (______________

______________)이다.

재미있는 다섯 손가락 쓰기

달콤한 맛

읽은 책 중에 재미있었거나 마음에 남는 책을 고르고, 다섯 손가락에 답변을 써 보세요. 활동 예시: 18쪽

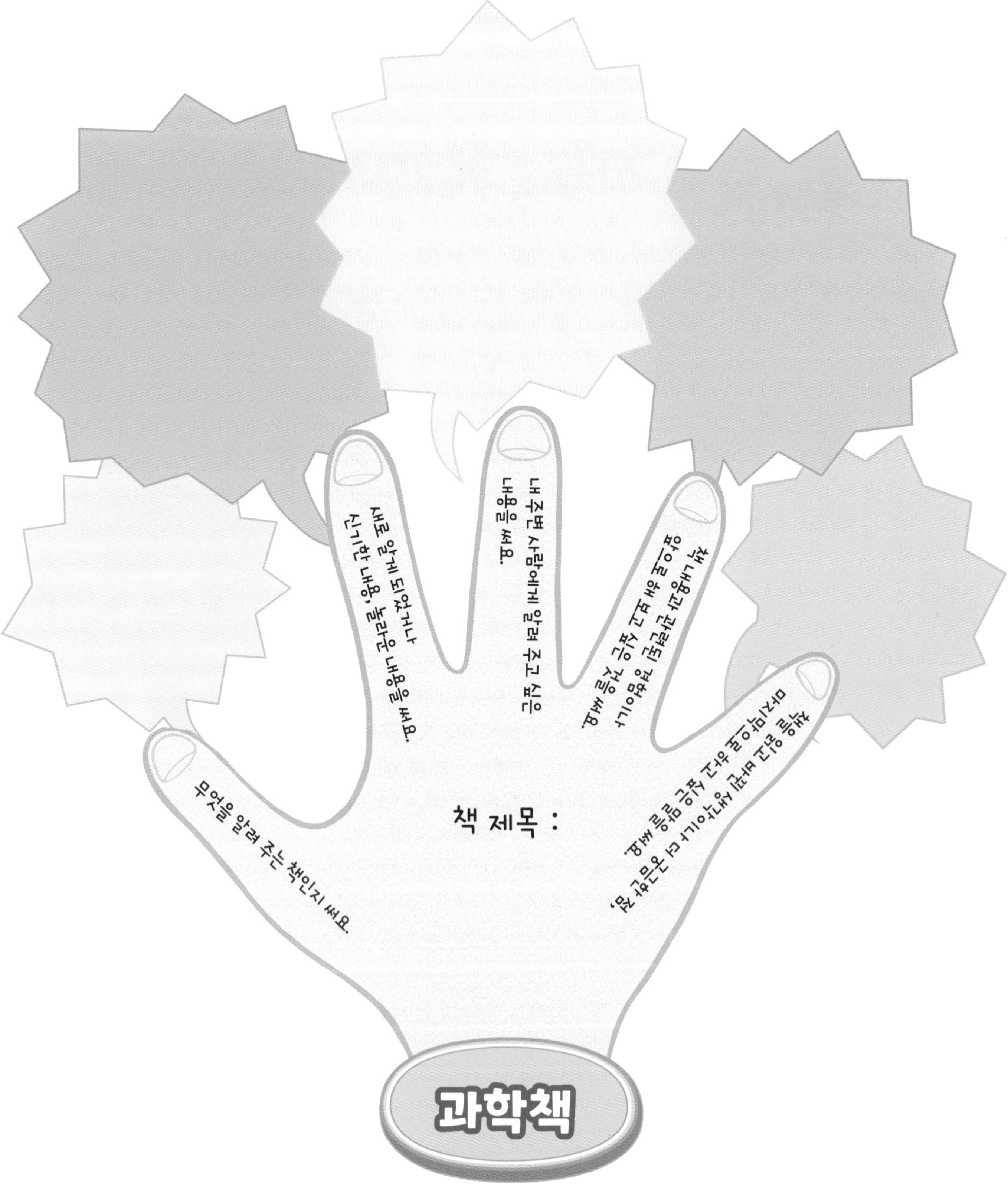

무엇을 알려 주는 책인지 써요.

새로 알게 되었거나 신기한 내용, 놀라운 내용을 써요.

내 주변 사람에게 알려 주고 싶은 내용을 써요.

책 내용에서 궁금한 점이 있다면 써요.

책을 읽은 후 나의 생각이나 느낌을 써요.

책 제목 :

과학책

다섯 손가락 짧은 독후감 쓰기

다섯 손가락 질문에 쓴 답변을 정리하여 독후감을 써 보세요.

활동 예시: 19쪽

책 제목		읽은 날	년 월 일
독후감 제목			
난이도 체크	쉬워요	보통이에요	어려워요

과학책 활동 4-1

재미있는 다섯 손가락 쓰기

달콤한 맛

읽은 책 중에 재미있었거나 마음에 남는 책을 고르고, 다섯 손가락에 답변을 써 보세요. 활동 예시: 18쪽

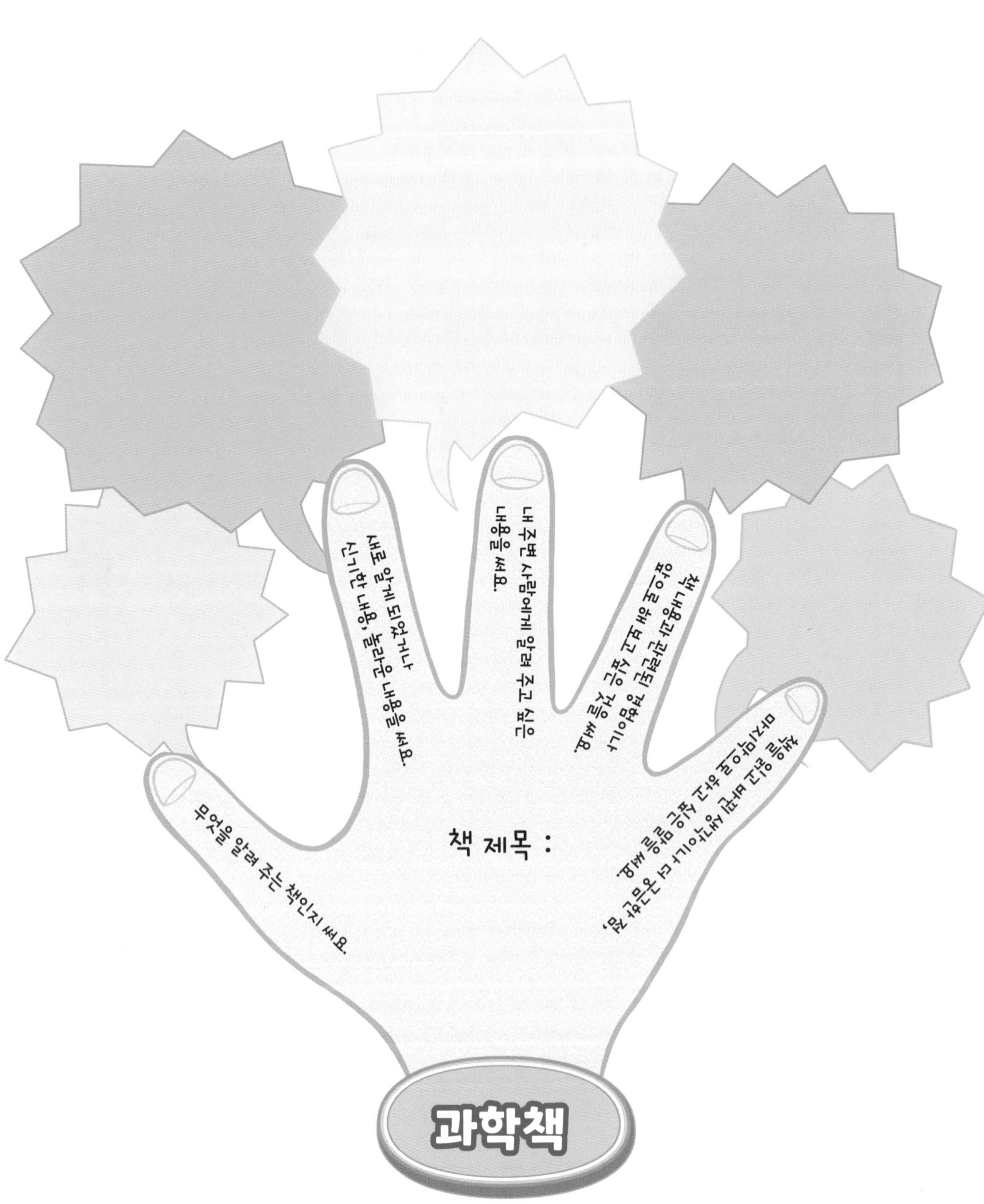

다섯 손가락 짧은 독후감 쓰기

다섯 손가락 질문에 쓴 답변을 정리하여 독후감을 써 보세요.

활동 예시: 19쪽

책 제목		읽은 날	년 월 일
독후감 제목			

난이도 체크	쉬워요	보통이에요	어려워요

재미있는 다섯 손가락 쓰기

달콤한 맛

읽은 책 중에 재미있었거나 마음에 남는 책을 고르고, 다섯 손가락에 답변을 써 보세요. 활동 예시: 18쪽

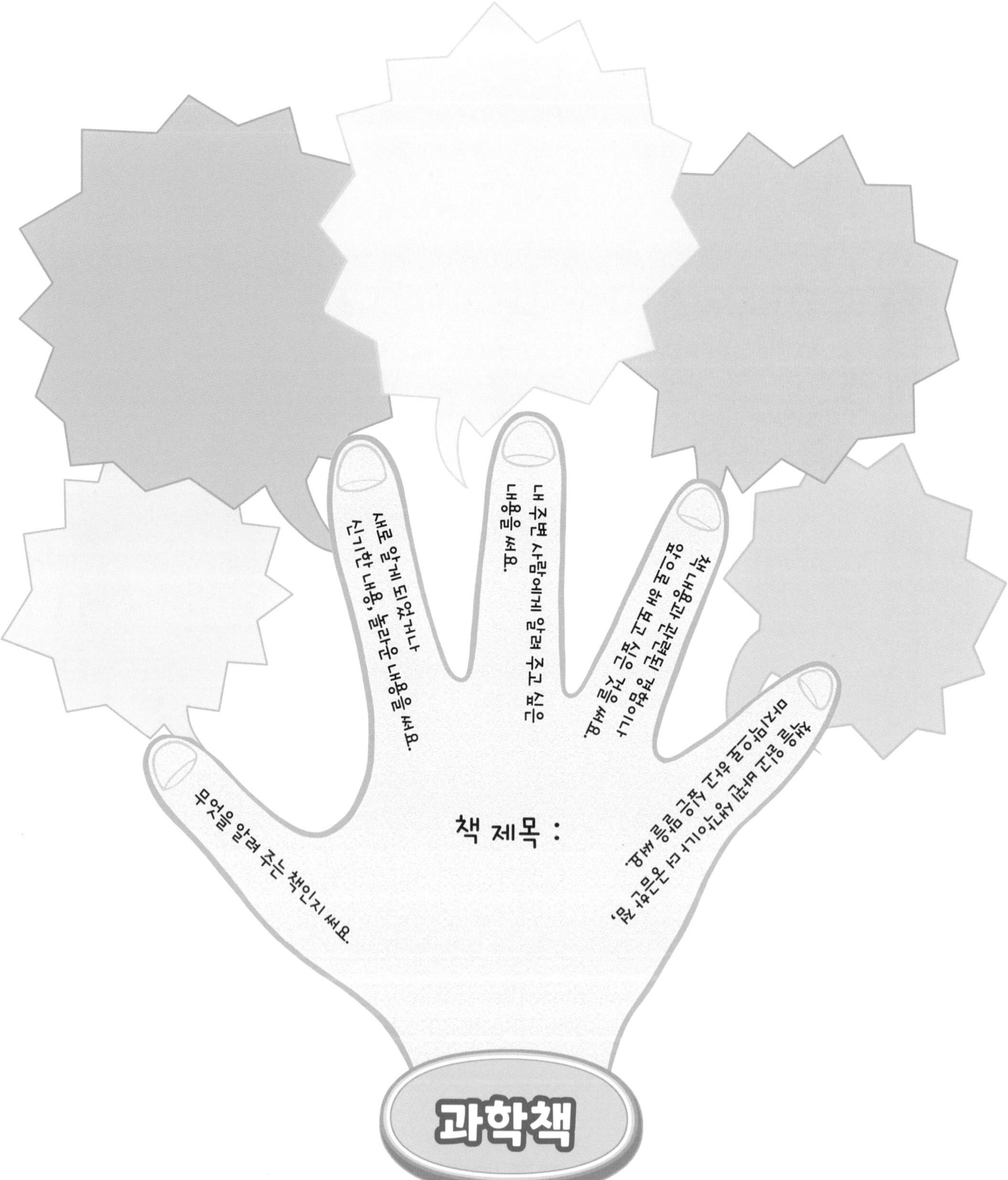

무엇을 알려 주는 책인지 써요.

새로 알게 되었거나 신기한 내용, 놀라운 내용을 써요.

내 주변 사람에게 알려 주고 싶은 내용을 써요.

책 내용과 관련된 경험이나 앞으로 해 보고 싶은 것을 써요.

책을 읽고 바뀐 생각이나 더 궁금한 점, 마지막으로 하고 싶은 말을 써요.

책 제목 :

과학책

다섯 손가락 짧은 독후감 쓰기

달콤한 맛

다섯 손가락 질문에 쓴 답변을 정리하여 독후감을 써 보세요.

활동 예시: 19쪽

책 제목		읽은 날	년 월 일
독후감 제목			
난이도 체크	쉬워요	보통이에요	어려워요

재잘재잘 채팅하며 글쓰기

재미도 체크 ☆ ☆ ☆ ☆ ☆

안녕? 나는 과학자 알버트 아인슈타인이란다!
너와 과학 이야기를 하고 싶구나!

우와! 안녕하세요?
저도 제가 읽은 책 이야기를
들려드리고 싶어요.

네가 읽은 과학책이 무엇을 알려 주는 책인지
설명해 줄 수 있겠니?
책의 목차나 서문을 참고해도 좋단다.
네가 느낀 책의 특징을 같이 이야기해 줘도 좋고!

인상 깊게 읽은 책을 골라 아인슈타인과 채팅을 해 보세요.
질문에 답을 할 땐 책을 다시 살펴봐도 되고, 답하기 어려운 질문이 있다면 1~2개는 건너뛰어도 좋습니다. 활동 예시: 20쪽

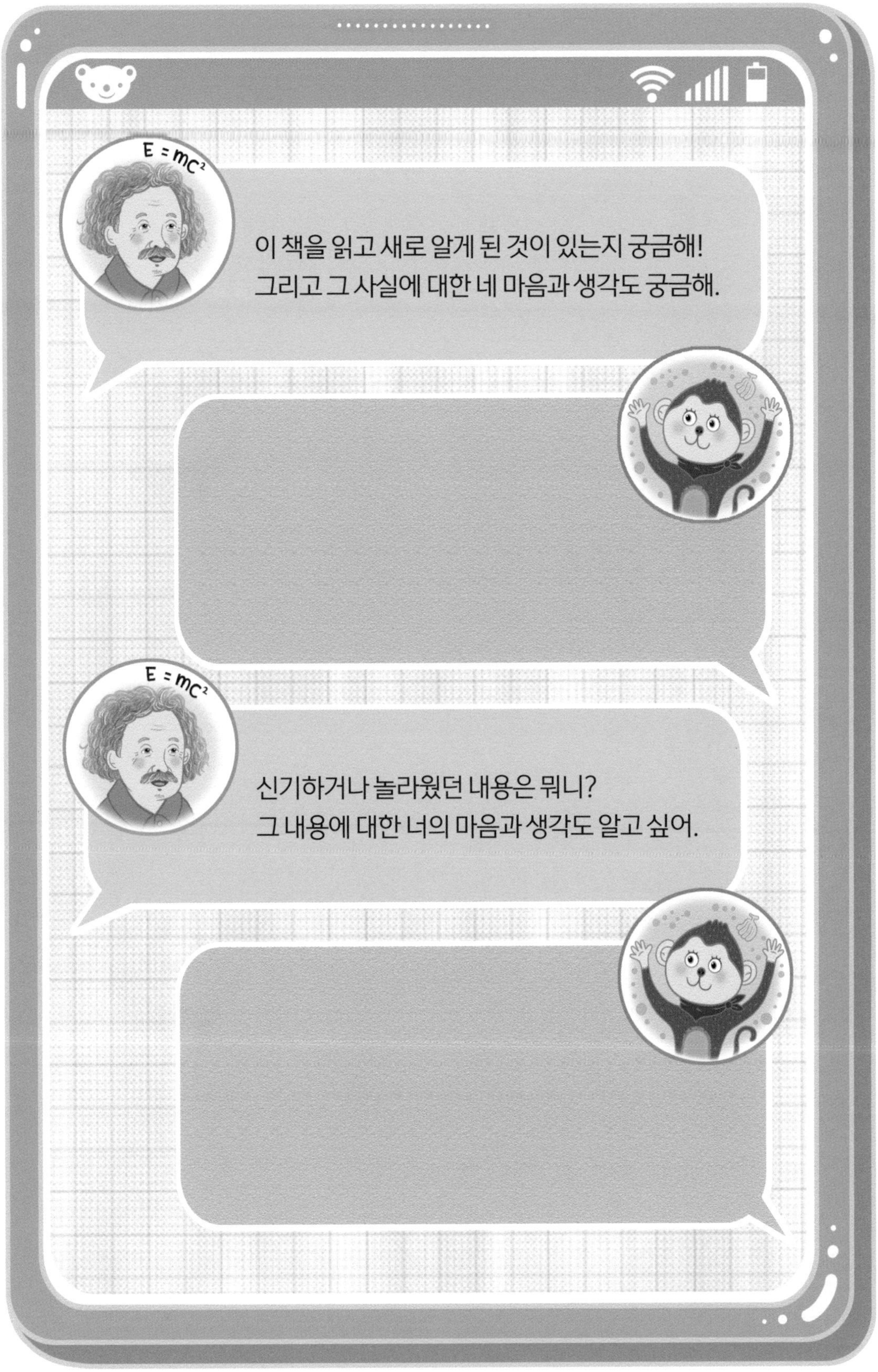

E = mc^2

이 책을 읽고 새로 알게 된 것이 있는지 궁금해!
그리고 그 사실에 대한 네 마음과 생각도 궁금해.

E = mc^2

신기하거나 놀라웠던 내용은 뭐니?
그 내용에 대한 너의 마음과 생각도 알고 싶어.

네 주변 사람들에게 알려 주고 싶은 내용이 있니? 책은 모두에게 도움이 되는 거니 한 가지만 알려 주면 좋겠구나.

그 사람에게 책의 내용을 알려 주고 싶은 이유나 그 내용을 알고 행동했으면 하는 점을 써 주렴.

E = mc²
이 책의 내용과 관련해서 경험했던 것을
알려 줘. 해 본 것, 보았던 것, 들었던 것,
실천하고 싶은 것 모두 좋아.
E = mc²
책은 사람의 생각을 바꾸기도 해.
혹시 네가 읽은 책으로 인해
바뀐 생각이 있다면 말해 주겠니?

E = mc²

이 책을 읽고 더 궁금해진 점이 있다면 말해 줘!
궁금한 점을 어떻게 해결할 건지도 알려 줘.

E = mc²

마지막으로 하고 싶은 말을 남겨 줘.
이 책이 말하고자 하는 것이
무엇인지 느꼈다면 그걸 써도 좋아.

채팅으로 긴 독후감 쓰기

짜릿한 맛

채팅으로 나눈 대화를 연결해서 독후감을 써 보세요! 활동 예시: 25쪽

책 제목		읽은 날	년 월 일
독후감 제목			
난이도 체크	쉬워요	보통이에요	어려워요

재잘재잘 채팅하며 글쓰기

재미도 체크 ☆ ☆ ☆ ☆ ☆

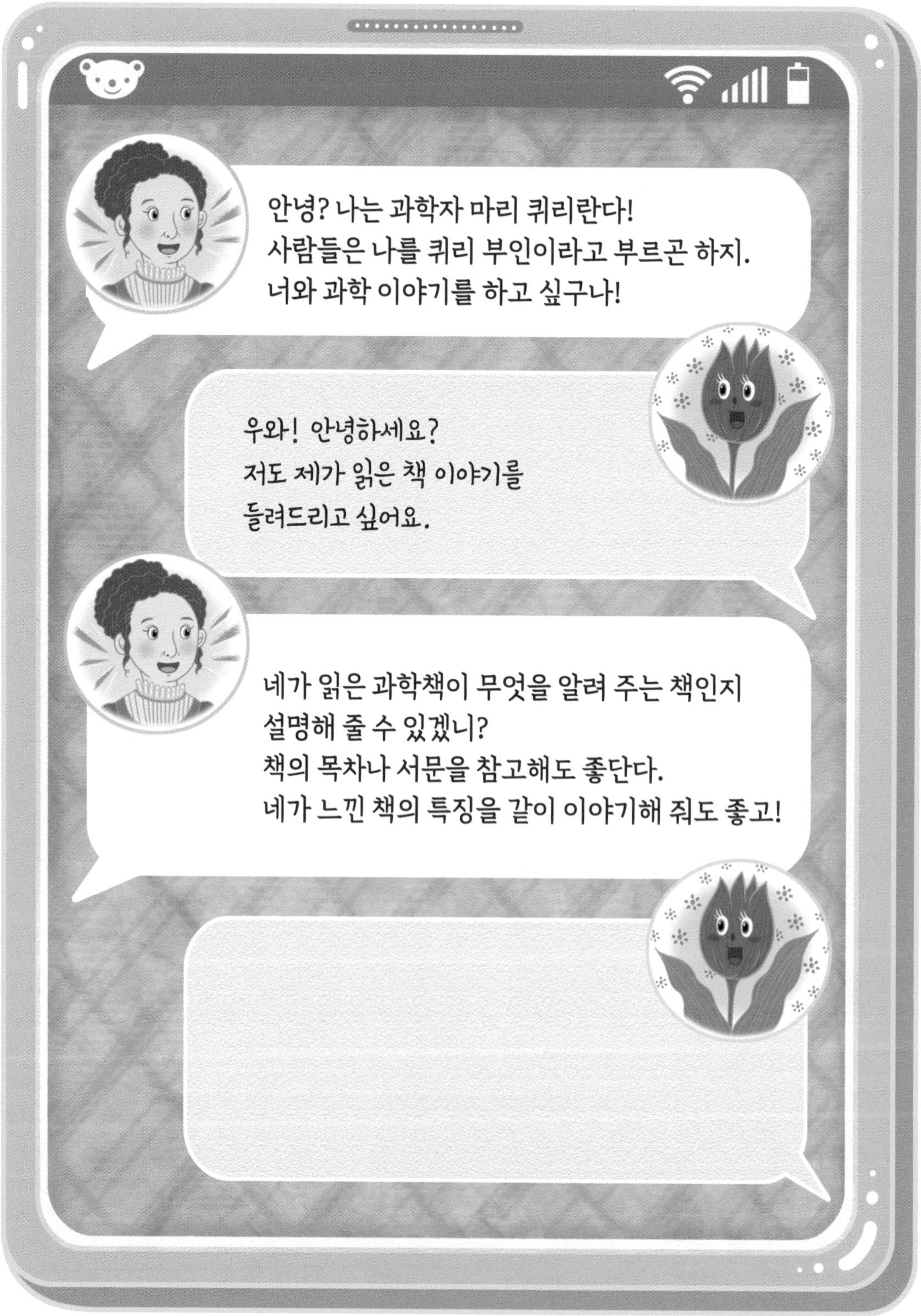

안녕? 나는 과학자 마리 퀴리란다!
사람들은 나를 퀴리 부인이라고 부르곤 하지.
너와 과학 이야기를 하고 싶구나!

우와! 안녕하세요?
저도 제가 읽은 책 이야기를
들려드리고 싶어요.

네가 읽은 과학책이 무엇을 알려 주는 책인지
설명해 줄 수 있겠니?
책의 목차나 서문을 참고해도 좋단다.
네가 느낀 책의 특징을 같이 이야기해 줘도 좋고!

인상 깊게 읽은 책을 골라 퀴리 부인과 채팅을 해 보세요.
질문에 답을 할 땐 책을 다시 살펴봐도 되고, 답하기 어려운 질문이 있다면 1~2개는 건너뛰어도 좋습니다. 활동 예시: 20쪽

이 책을 읽고 새로 알게 된 것이 있는지 궁금해!
그리고 그 사실에 대한 네 마음과 생각도 궁금해.

신기하거나 놀라웠던 내용은 뭐니?
그 내용에 대한 너의 마음과 생각도 알고 싶어.

네 주변 사람들에게 알려 주고 싶은 내용이 있니? 책은 모두에게 도움이 되는 거니 한 가지만 알려 주면 좋겠구나.

그 사람에게 책의 내용을 알려 주고 싶은 이유나 그 내용을 알고 행동했으면 하는 점을 써 주렴.

짜릿한 맛

이 책의 내용과 관련해서 경험했던 것을 알려 줘. 해 본 것, 보았던 것, 들었던 것, 실천하고 싶은 것 모두 좋아.
책은 사람의 생각을 바꾸기도 해. 혹시 네가 읽은 책으로 인해 바뀐 생각이 있다면 말해 주겠니?

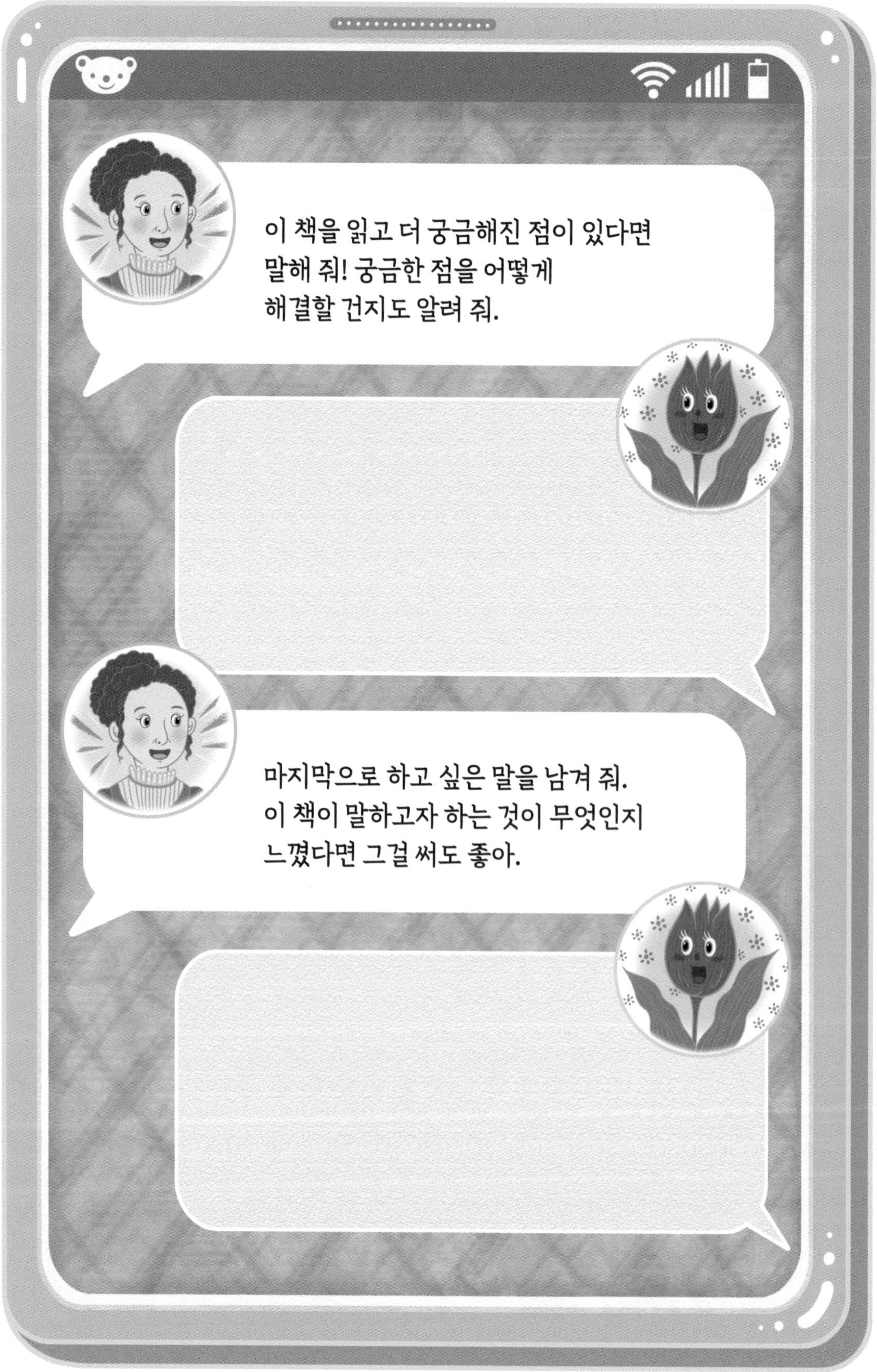

이 책을 읽고 더 궁금해진 점이 있다면
말해 줘! 궁금한 점을 어떻게
해결할 건지도 알려 줘.

마지막으로 하고 싶은 말을 남겨 줘.
이 책이 말하고자 하는 것이 무엇인지
느꼈다면 그걸 써도 좋아.

채팅으로 긴 독후감 쓰기

짜릿한 맛

채팅으로 나눈 대화를 연결해서 독후감을 써 보세요! 활동 예시: 25쪽

책 제목		읽은 날	년 월 일
독후감 제목			
난이도 체크	쉬워요	보통이에요	어려워요

재잘재잘 채팅하며 글쓰기

재미도 체크 ☆ ☆ ☆ ☆ ☆

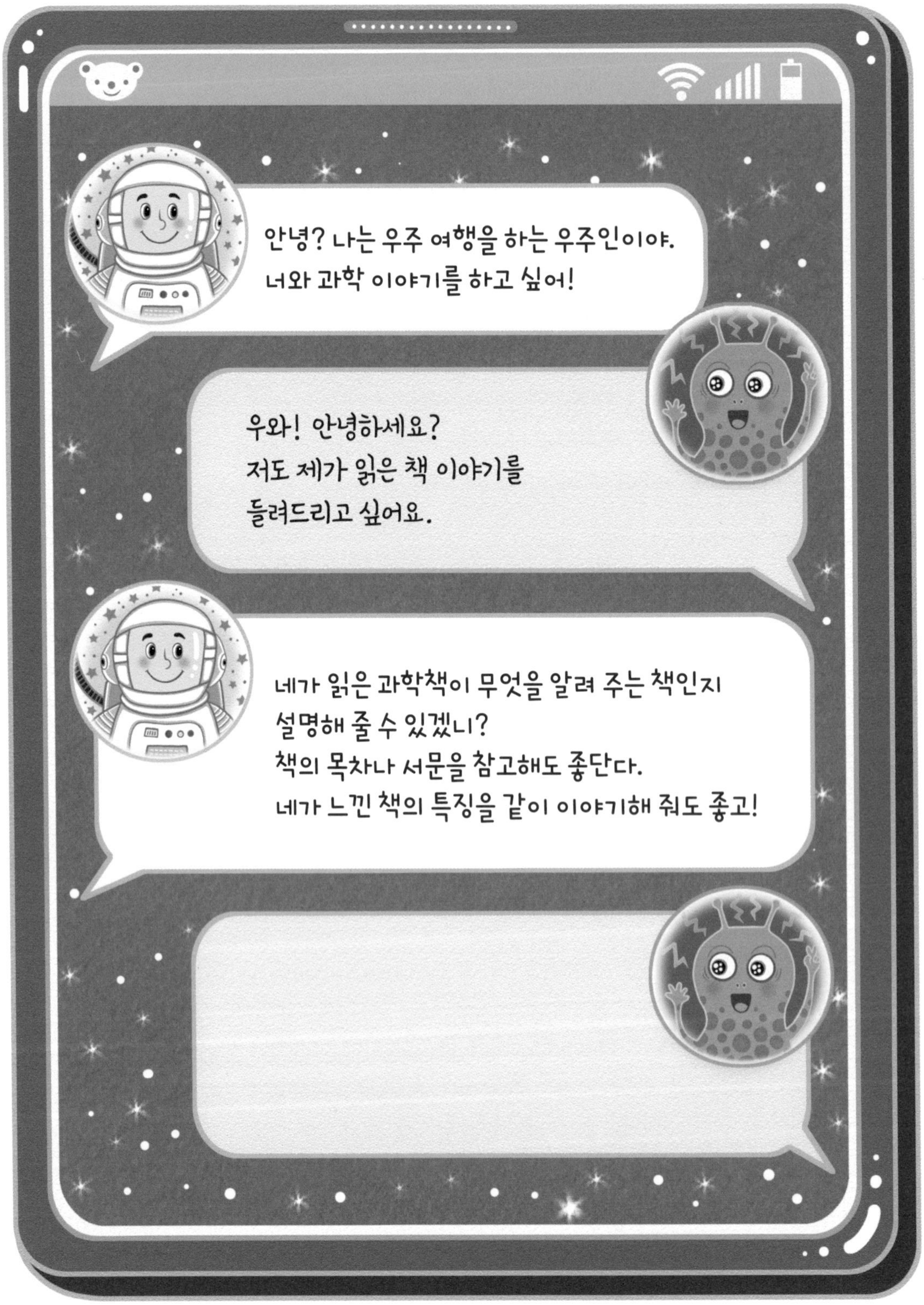

안녕? 나는 우주 여행을 하는 우주인이야.
너와 과학 이야기를 하고 싶어!

우와! 안녕하세요?
저도 제가 읽은 책 이야기를
들려드리고 싶어요.

네가 읽은 과학책이 무엇을 알려 주는 책인지
설명해 줄 수 있겠니?
책의 목차나 서문을 참고해도 좋단다.
네가 느낀 책의 특징을 같이 이야기해 줘도 좋고!

인상 깊게 읽은 책을 골라 우주인과 채팅을 해 보세요.
질문에 답을 할 땐 책을 다시 살펴봐도 되고, 답하기 어려운 질문이 있다면 1~2개는 건너뛰어도 좋습니다. 활동 예시: 20쪽

짜릿한 맛

네 주변 사람들에게
알려 주고 싶은 내용이 있니?
책은 모두에게 도움이 되는 거니
한 가지만 알려 주면 좋겠구나.

그 사람에게 책의 내용을 알려 주고 싶은 이유나
그 내용을 알고 행동했으면 하는 점을 써 주렴.

이 책의 내용과 관련해서 경험했던 것을 알려줘.
해 본 것, 보았던 것, 들었던 것, 실천하고 싶은 것
모두 좋아.
책은 사람의 생각을 바꾸기도 해.
혹시 네가 읽은 책으로 인해
바뀐 생각이 있다면 말해 주겠니?

이 책을 읽고 더 궁금해진 점이 있다면 말해 줘!
궁금한 점을 어떻게 해결할 건지도 알려 줘.

마지막으로 하고 싶은 말을 남겨 줘.
이 책이 말하고자 하는 것이
무엇인지 느꼈다면 그걸 써도 좋아.

채팅으로 긴 독후감 쓰기

채팅으로 나눈 대화를 연결해서 독후감을 써 보세요! 활동 예시: 25쪽

책 제목		읽은 날	년 월 일
독후감 제목			
난이도 체크	쉬워요	보통이에요	어려워요

Part

5

동시책을 읽고 독후감을 써요!

동시책이란?

동시는 아름다운 세상의 모습을 구석구석 관찰하여 예쁜 말로 표현하거나, 어린이의 마음과 생활을 잘 담아내요.
또는 우리 주변의 모습을 보여 줘 여러분이 세상에 관심을 갖게 해 줘요.
그래서 동시를 읽으면 주변의 모든 것을 보듬는 마음이 생기고, 여러분의 마음이 아름다운 말로 채워져 충만해지기도 해요. 내 생활을 소중하게 생각하며 살아갈 수 있는 힘도 주지요.
이런 동시를 모아 어울리는 그림과 함께 담은 것을 동시책이라고 해요.

동시책 읽는 법

동시책은 읽기보다는 느끼는 책이에요.

1. 편안한 마음으로 책장을 넘기며 내 마음에 드는 시, 공감이 가는 시, 이유 없이 좋은 시를 찾아요.
2. 좋은 시를 찾으면 플래그로 예쁘게 표시를 해 보는 것도 좋아요.
3. 내 마음에 들어온 시를 골랐다면 왜 마음에 드는지, 왜 공감이 가는지 생각해 봐요.
4. 시의 내용과 관련된 내 경험도 떠올려 봐요.
5. 시 속에서 말하는 이에게 하고 싶은 말을 해 보세요.

독후감 쓰기 좋은 동시책

아래 책을 읽고 독후감을 써 보세요. 원래 어린이들이 직접 쓴 시는 '어린이시'라고 하고, 어른이 어린이를 위해 쓴 시를 '동시'라고 해요. 여러분이 공감하기 쉬운 어린이시도 소개했는데요, 부르기 편하게 모두 동시책이라고 할게요. 대신 어린이시를 모은 책은 표지 앞에 '★'으로 표시했어요.

단계			
	★  **달팽이는 지가 집이다** (서창우 외 3명 글, 김용택 엮음, 푸른숲주니어)	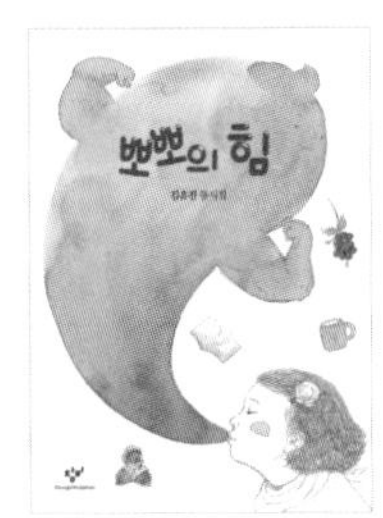 **뽀뽀의 힘** (김유진 글, 서영아 그림, 창비)	 **너 내가 그럴 줄 알았어** (김용택 글, 이혜란 그림, 창비)
	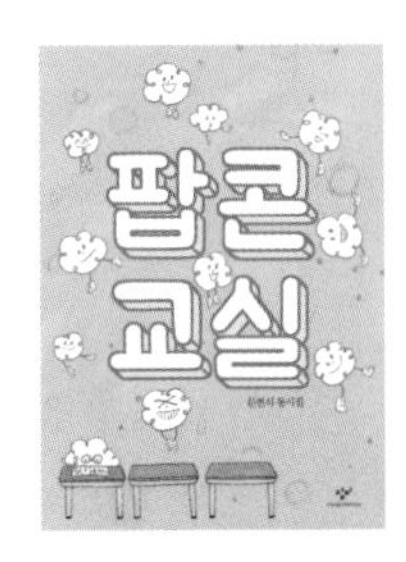 **팝콘 교실** (문현식 글, 이주희 그림, 창비)	★  **쉬는 시간 언제 오냐** (초등학교 93명 아이들 글, 전국초등국어교과모임 엮음, 박세연 그림, 휴먼어린이)	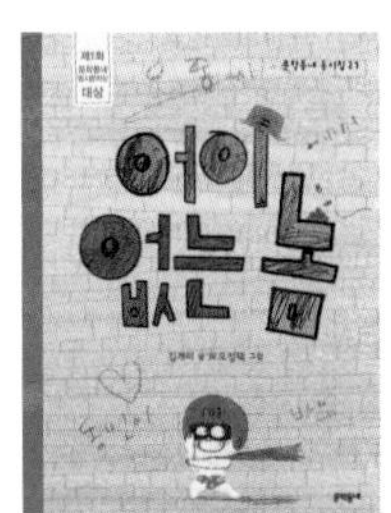 **어이없는 놈** (김개미 글, 오정택 그림, 문학동네)
3 단계	 **올해의 좋은 동시 (2021)** (권영상 외 58명 글, 김서빈 그림, 상상)	★ 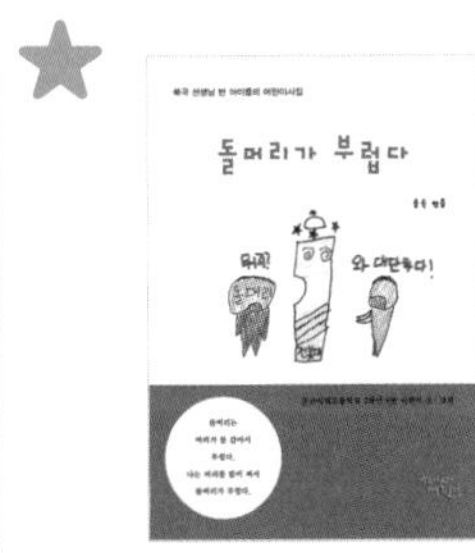 **돌머리가 부럽다** (군산서해초등학교 5학년 6반 어린이 글·그림, 송숙 엮음, 학이사어린이)	 **책벌레 공부벌레 일벌레** (이묘신 글, 정지현 그림, 푸른책들)

내가 읽은 책 제목 쓰기

1단계 추천 도서를 읽거나 읽어 본 동시책의 제목을 아래에 써 보세요!

활동 예시: 14쪽

내가 읽은 책 제목 쓰기

2단계 추천 도서를 읽거나 읽어 본 동시책의 제목을 아래에 써 보세요!

활동 예시: 14쪽

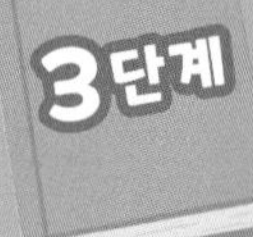

내가 읽은 책 제목 쓰기

3단계 추천 도서를 읽거나 읽어 본 동시책의 제목을 아래에 써 보세요!

활동 예시: 14쪽

말하기 카드로 놀며 말하기!

담백한 맛

동시책을 읽고 나서 말하기 카드를 활용해 책 내용을 정리해 보세요!

활동 예시: 15쪽

1
이 동시책에서 가장 마음에 드는 동시와 이유를 말할게!
동시책

2
가장 마음에 드는 동시를 읽어 볼게!
동시책

3
내가 고른 동시에서 마음에 드는 문장은 이거야!
동시책

4
이 동시를 읽으니 비슷한 경험이 생각났어!
동시책

5
이 동시의 제목을 이렇게 바꿔 볼 거야!
동시책

6
이 동시를 들려주고 싶은 사람이 있어!
동시책

7
내 경험을 떠올려서 이 동시와 비슷하게 시를 써 볼게!
동시책

8
이 동시 속의 화자에게 하고 싶은 말이 있어!
동시책

알쏭달쏭 괄호 채우며 쓰기

아래 내용을 잘 읽어 보고, 괄호 안에 어울리는 내용을 생각해서 채워 보세요. 활동 예시: 16쪽

책 제목		읽은 날	년 월 일
고른 시 제목			
독후감 제목			
별점	☆ ☆ ☆ ☆ ☆		

내가 읽은 책 제목은 ( )이다.

이 책에서 가장 마음에 드는 시는 (

)이다.

마음에 드는 이유는 (

)이다. 이 시를 읽고 생각나는 것은 (

)이다. 이 시에 나오는 화자에게 나는

(

)라고 말해 주고 싶다.

알쏭달쏭 괄호 채우며 쓰기

아래 내용을 잘 읽어 보고, 괄호 안에 어울리는 내용을 생각해서 채워 보세요. 활동 예시: 16쪽

책 제목		읽은 날	년 월 일
고른 시 제목			
독후감 제목			
별점	☆ ☆ ☆ ☆ ☆		

내가 읽은 책 제목은 (................................)이다.

이 책에서 가장 마음에 드는 시는 (....)이다.

마음에 드는 이유는 (....)이다. 이 시를 읽고 생각나는 것은 (....)이다. 이 시에 나오는 화자에게 나는

(....)라고 말해 주고 싶다.

알쏭달쏭 괄호 채우며 쓰기

아래 내용을 잘 읽어 보고, 괄호 안에 어울리는 내용을 생각해서 채워 보세요. 활동 예시: 16쪽

책 제목		읽은 날	년 월 일
고른 시 제목			
독후감 제목			
별점	☆ ☆ ☆ ☆ ☆		

내가 읽은 책 제목은 (______________)이다.

이 책에서 가장 마음에 드는 시는 (______________

______________)이다.

마음에 드는 이유는 (______________

______)이다. 이 시를 읽고 생각나는 것은 (______________

______________)이다. 이 시에 나오는 화자에게 나는

(______________

______________)라고 말해 주고 싶다.

동시책 활동 4-1

재미있는 다섯 손가락 쓰기

달콤한 맛

읽은 책 중에 재미있었거나 마음에 남는 책을 고르고, 다섯 손가락에 답변을 써 보세요. 활동 예시: 18쪽

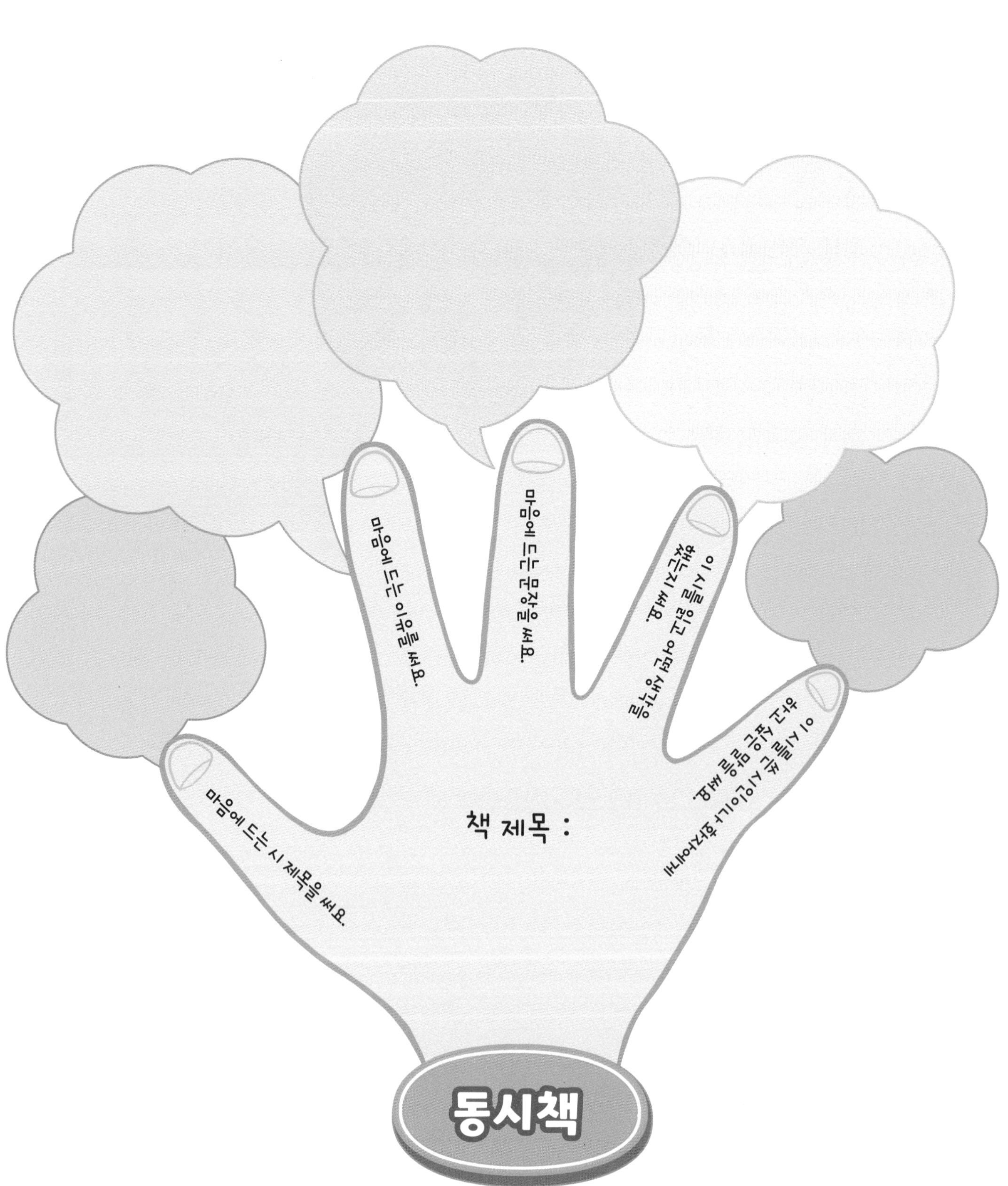

다섯 손가락 짧은 독후감 쓰기

다섯 손가락 질문에 쓴 답변을 정리하여 독후감을 써 보세요.

활동 예시: 19쪽

책 제목		읽은 날	년 월 일
고른 시 제목			
독후감 제목			
별점	☆ ☆ ☆ ☆ ☆		

재미있는 다섯 손가락 쓰기

달콤한 맛

읽은 책 중에 재미있었거나 마음에 남는 책을 고르고, 다섯 손가락에 답변을 써 보세요. 활동 예시: 18쪽

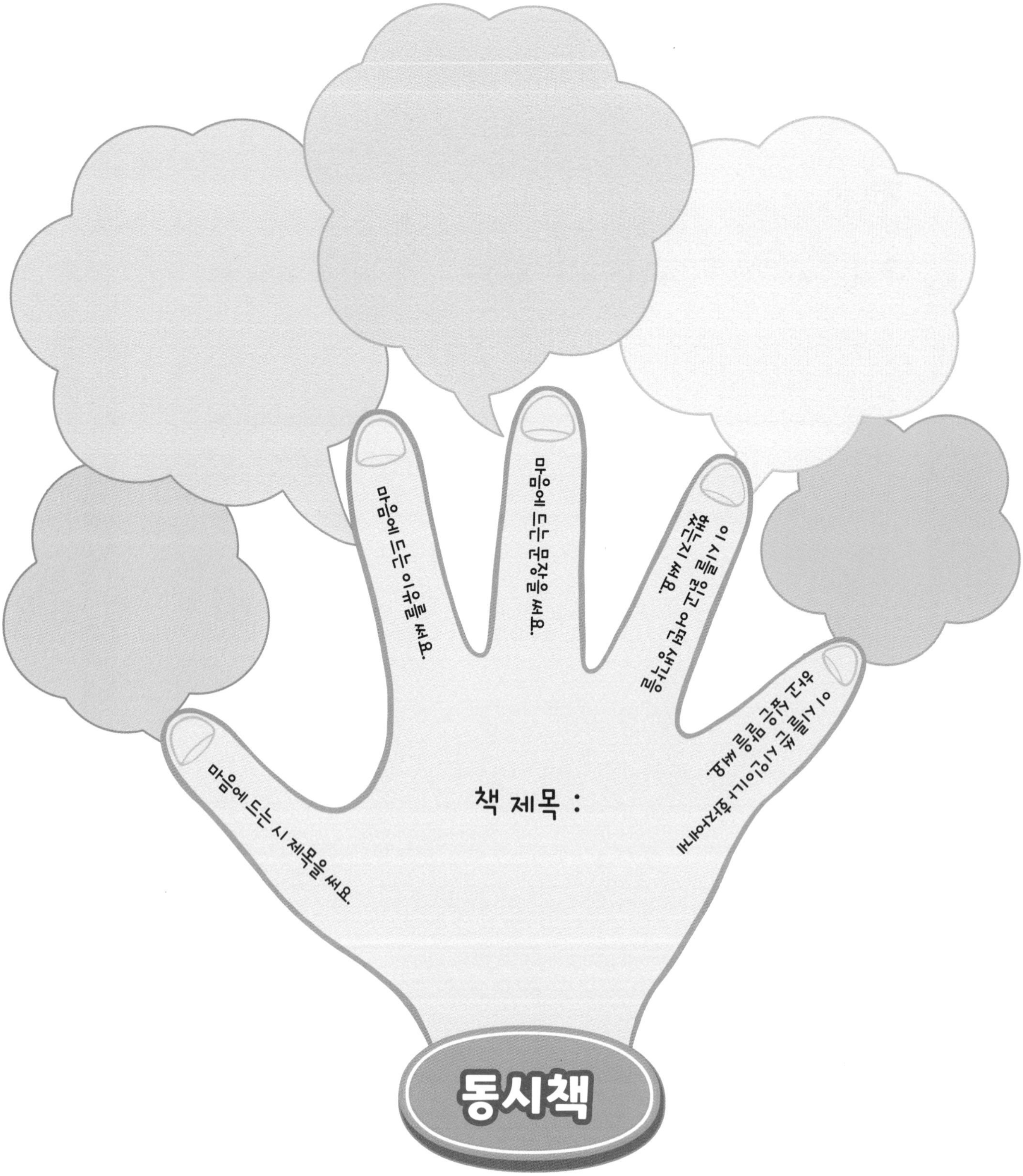

마음에 드는 시 제목을 써요.

마음에 드는 이유를 써요.

마음에 드는 문장을 써요.

이 시를 읽고 어떤 생각을 했는지 써요.

이 시를 쓴 시인이나 작가에게 묻고 싶은 말을 써요.

책 제목 :

동시책

다섯 손가락 짧은 독후감 쓰기

다섯 손가락 질문에 쓴 답변을 정리하여 독후감을 써 보세요.

활동 예시: 19쪽

책 제목		읽은 날	년 월 일
고른 시 제목			
독후감 제목			
별점	☆ ☆ ☆ ☆ ☆		

재미있는 다섯 손가락 쓰기

읽은 책 중에 재미있었거나 마음에 남는 책을 고르고, 다섯 손가락에 답변을 써 보세요. 활동 예시: 18쪽

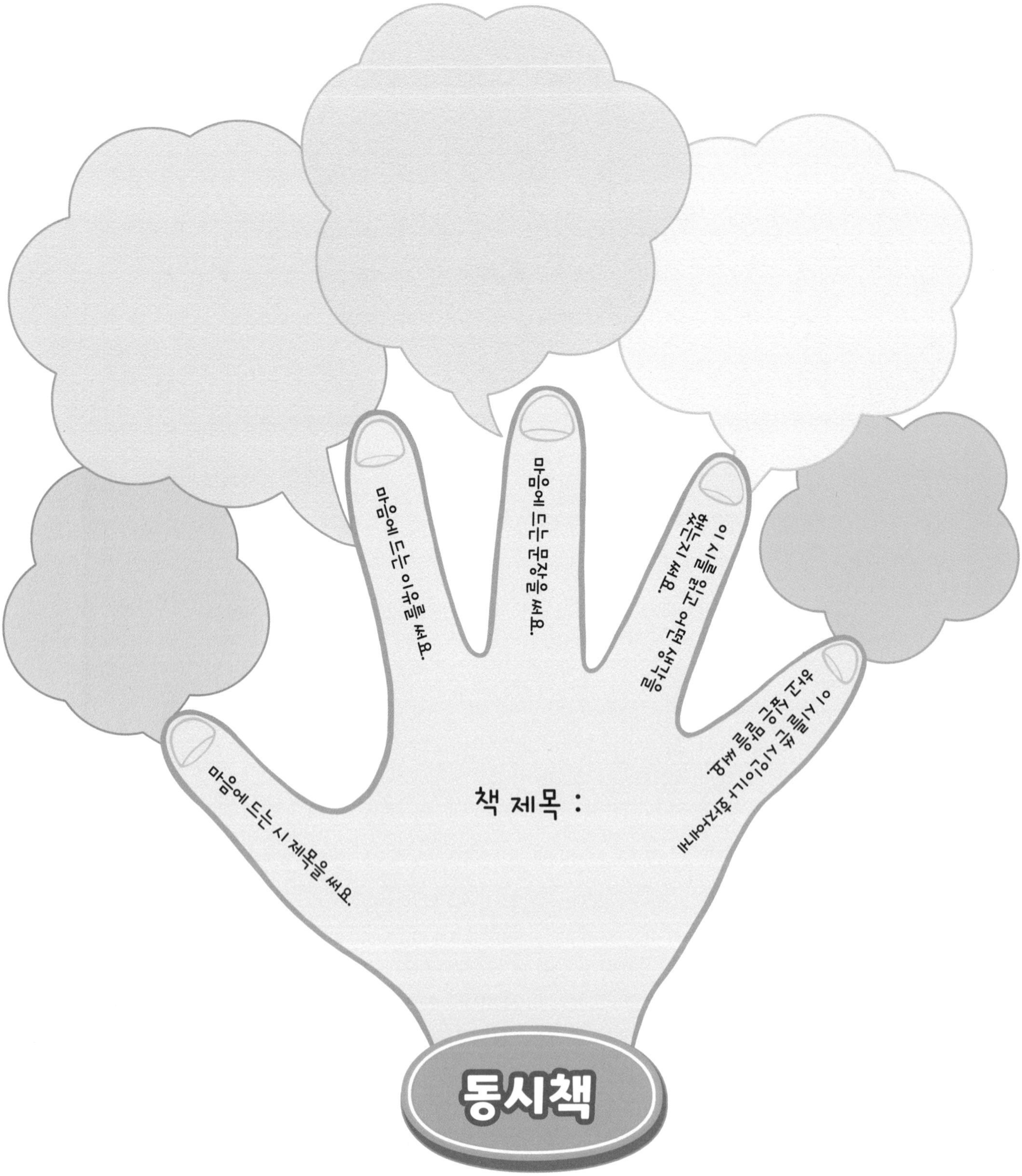

마음에 드는 시 제목을 써요.

마음에 드는 이유를 써요.

마음에 드는 문장을 써요.

이 시를 읽고 어떤 생각을 했는지 써요.

이 시를 쓴 시인이나 작가에게 하고 싶은 말을 써요.

책 제목 :

동시책

다섯 손가락 짧은 독후감 쓰기

달콤한 맛

다섯 손가락 질문에 쓴 답변을 정리하여 독후감을 써 보세요.

활동 예시: 19쪽

책 제목		읽은 날	년 월 일
고른 시 제목			
독후감 제목			
별점	☆ ☆ ☆ ☆ ☆		

재잘재잘 채팅하며 글쓰기

재미도 체크	☆ ☆ ☆ ☆ ☆

만나서 반가워! 나는 〈진달래꽃〉을 쓴 김소월 시인이야.
너와 시 이야기를 하고 싶어.

우와! 안녕하세요?
저도 제가 읽은 책 이야기를 들려드리고 싶어요.

네가 읽은 동시책은 누가 쓴 책이니?

인상 깊게 읽은 책을 골라 김소월 시인과 채팅을 해 보세요.
질문에 답을 할 땐 책을 다시 살펴봐도 되고, 답하기 어려운 질문이 있다면 1~2개는 건너뛰어도 좋습니다. 활동 예시: 20쪽

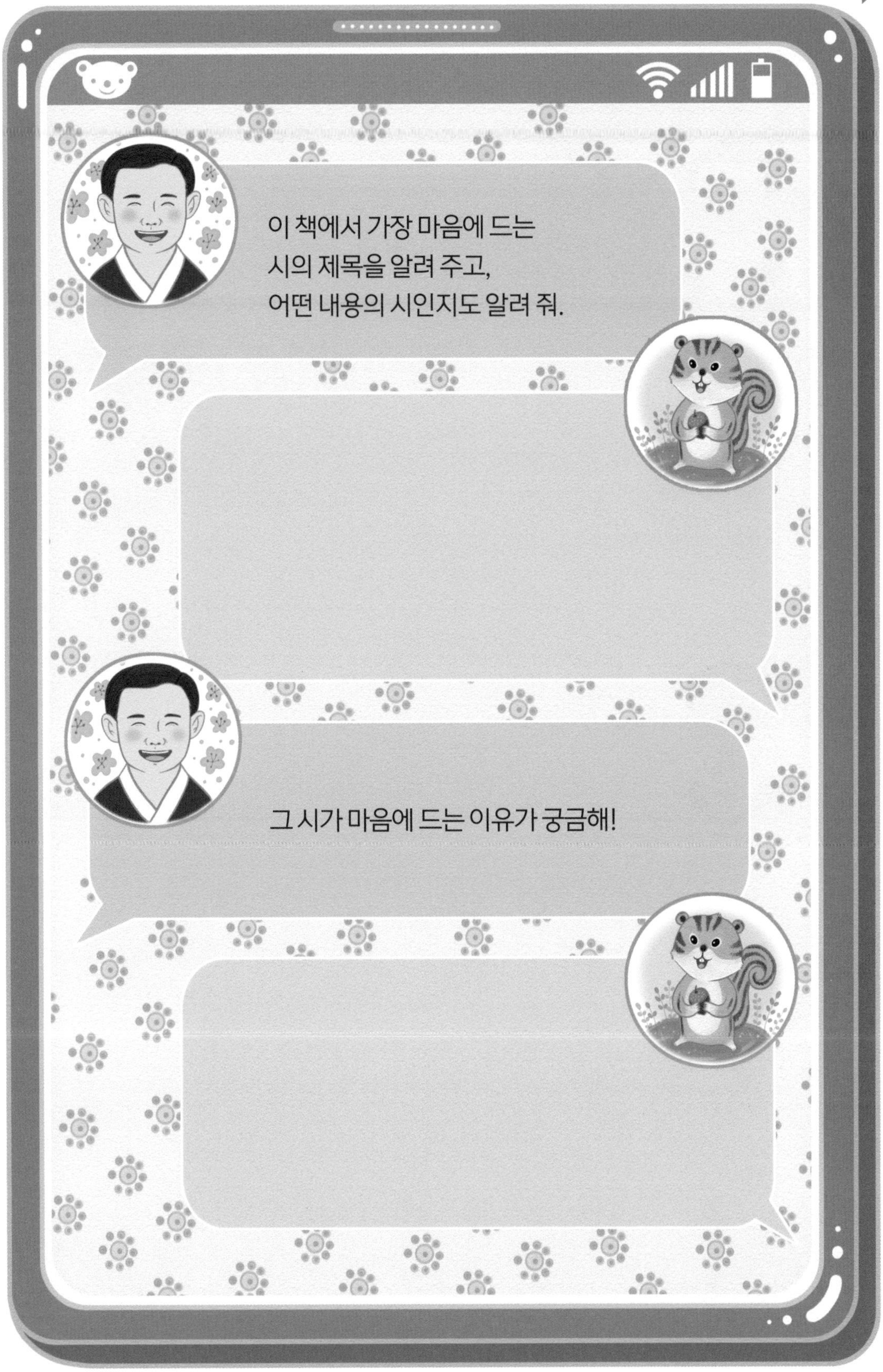

이 책에서 가장 마음에 드는
시의 제목을 알려 주고,
어떤 내용의 시인지도 알려 줘.

그 시가 마음에 드는 이유가 궁금해!

동시책 활동 5-1

동시를 소리 내어 읽어 보고
소감을 말해 줄래?

그 시에서 마음에 드는 문장이 있다면 써 봐!

그 동시를 읽고 생각나는 경험을 말해 봐.
네가 만약 동시 제목을 바꿔 본다면
뭐라고 바꾸고 싶어?

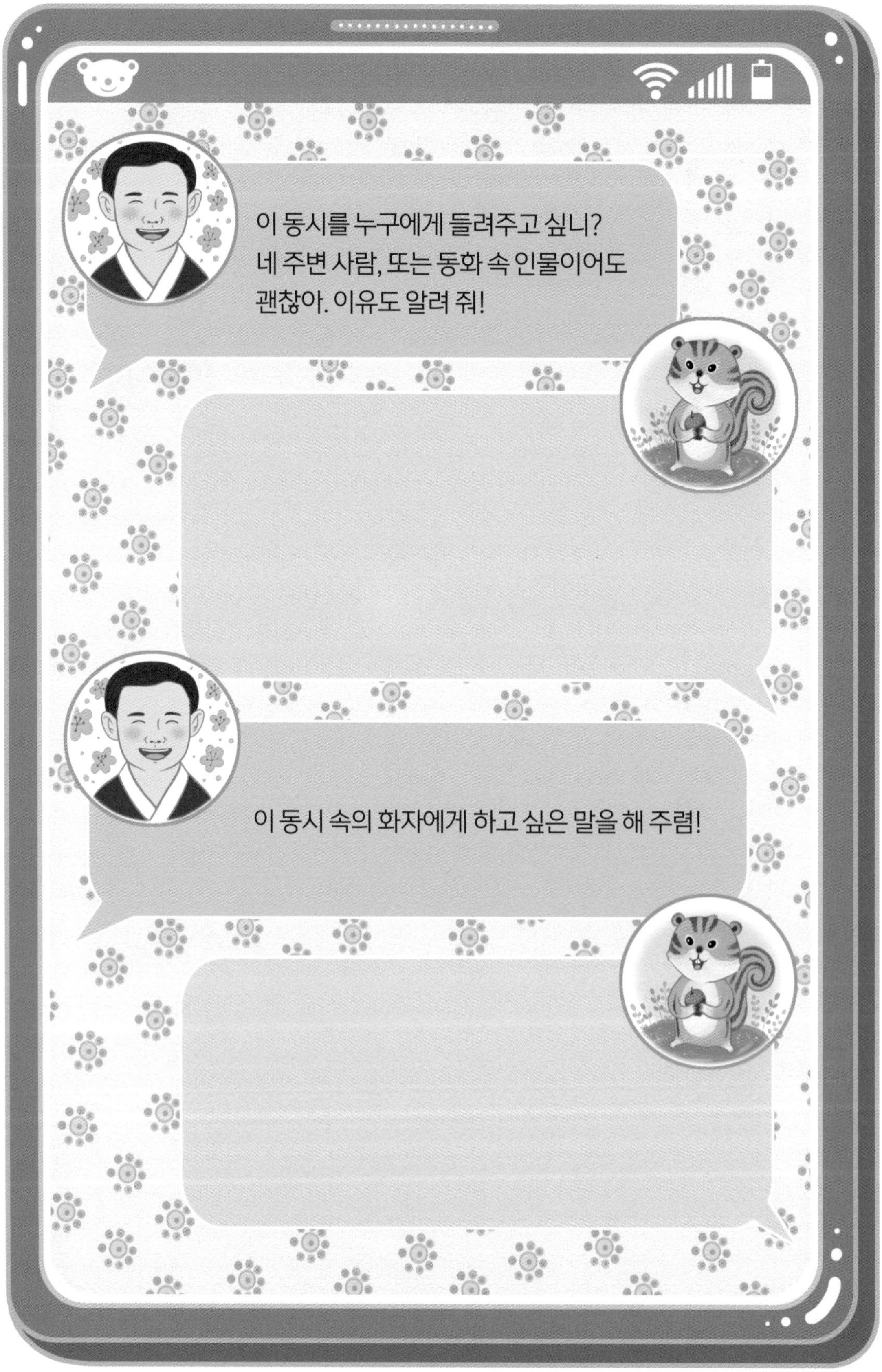

이 동시를 누구에게 들려주고 싶니?
네 주변 사람, 또는 동화 속 인물이어도 괜찮아. 이유도 알려 줘!

이 동시 속의 화자에게 하고 싶은 말을 해 주렴!

채팅으로 긴 독후감 쓰기

채팅으로 나눈 대화를 연결해서 독후감을 써 보세요! 활동 예시: 25쪽

책 제목		읽은 날	년 월 일
고른 시 제목			
독후감 제목			
별점	☆ ☆ ☆ ☆ ☆		

재잘재잘 채팅하며 글쓰기

재미도 체크	☆ ☆ ☆ ☆ ☆

만나서 반가워! 나는 어린왕자야.
너와 시 이야기를 하고 싶어.

우와! 안녕?
나도 내가 읽은 책 이야기를
하고 싶어.

네가 읽은 동시책은 누가 쓴 책이니?

인상 깊게 읽은 책을 골라 어린왕자와 채팅을 해 보세요.
질문에 답을 할 땐 책을 다시 살펴봐도 되고, 답하기 어려운 질문이 있다면 1~2개는 건너뛰어도 좋습니다. 활동 예시: 20쪽

짜릿한 맛

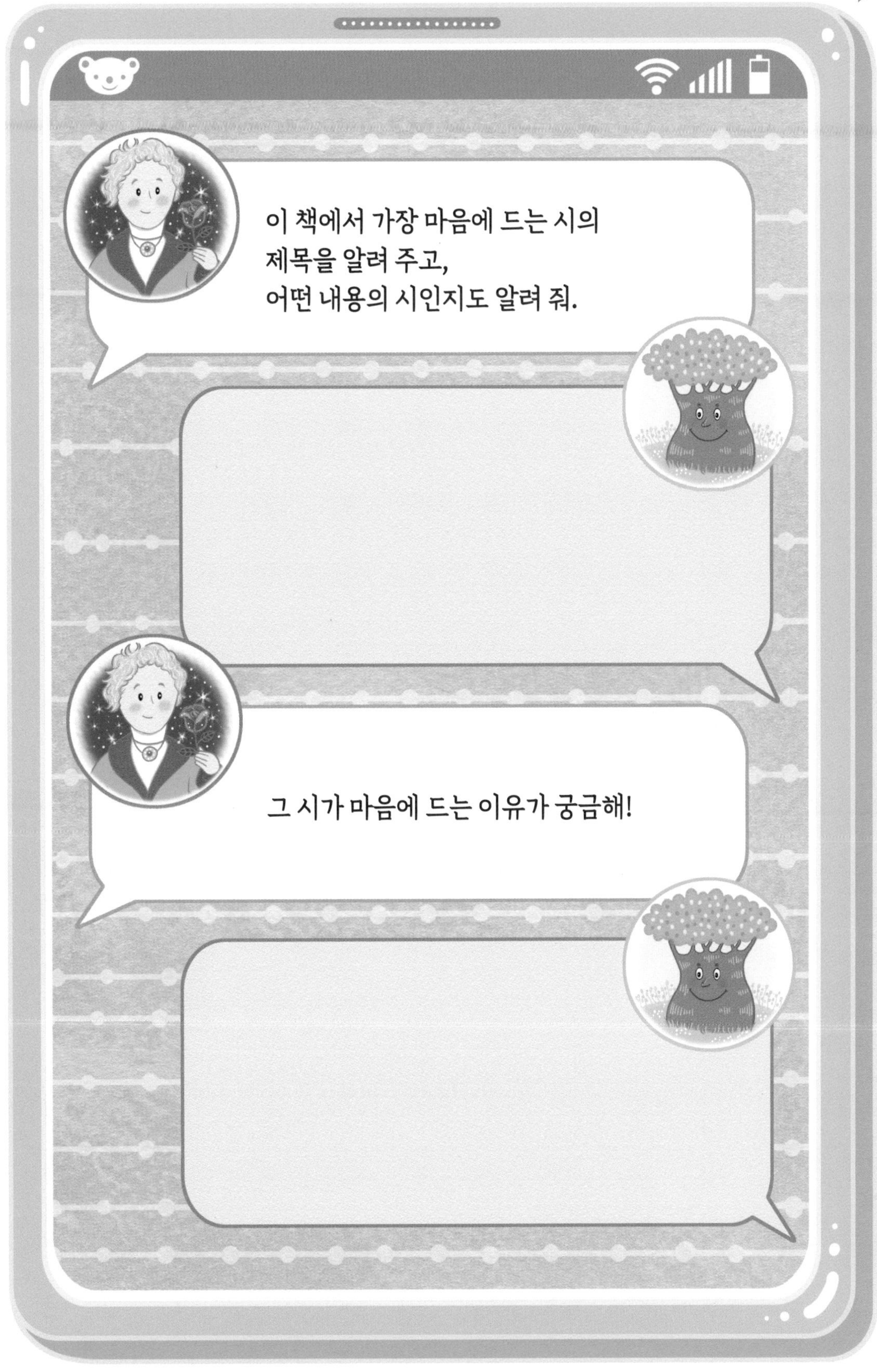

동시를 소리 내어 읽어 보고 소감을 말해 줄래?

그 시에서 마음에 드는 문장이 있다면 써 봐!

그 동시를 읽고 생각나는 경험을 말해 봐.

네가 만약 동시 제목을 바꿔 본다면
뭐라고 바꾸고 싶어?

이 동시를 누구에게 들려주고 싶니?
네 주변 사람, 또는 동화 속 인물이어도
괜찮아. 이유도 알려 줘!

이 동시 속의 화자에게 하고 싶은 말을 해 주렴!

채팅으로 긴 독후감 쓰기

짜릿한 맛

채팅으로 나눈 대화를 연결해서 독후감을 써 보세요! 활동 예시: 25쪽

책 제목		읽은 날	년 월 일
고른 시 제목			
독후감 제목			
별점	☆ ☆ ☆ ☆ ☆		

재잘재잘 채팅하며 글쓰기

재미도 체크	☆ ☆ ☆ ☆ ☆

만나서 반가워! 나는 어린이 시인이야.
너와 시 이야기를 하고 싶어.

우와! 안녕?
나도 내가 읽은 책 이야기를
하고 싶어.

네가 읽은 동시책은 누가 쓴 책이니?

인상 깊게 읽은 책을 골라 어린이 시인과 채팅을 해 보세요.
질문에 답을 할 땐 책을 다시 살펴봐도 되고, 답하기 어려운 질문이 있다면 1~2개는 건너뛰어도 좋습니다. 활동 예시: 20쪽

이 책에서 가장 마음에 드는 시의 제목을 알려 주고, 어떤 내용의 시인지도 알려 줘.

그 시가 마음에 드는 이유가 궁금해!

동시를 소리 내어 읽어 보고 소감을 말해 줄래?

그 시에서 마음에 드는 문장이 있다면 써 봐!

그 동시를 읽고 생각나는 경험을 말해 봐.

네가 만약 동시 제목을 바꿔 본다면
뭐라고 바꾸고 싶어?

이 동시를 누구에게 들려주고 싶니?
네 주변 사람, 또는 동화 속 인물이어도 괜찮아.
이유도 알려 줘!

이 동시 속의 화자에게 하고 싶은 말을 해 주렴!

채팅으로 긴 독후감 쓰기

채팅으로 나눈 대화를 연결해서 독후감을 써 보세요! 활동 예시: 25쪽

책 제목		읽은 날	년 월 일
고른 시 제목			
독후감 제목			
별점	☆ ☆ ☆ ☆ ☆